УДК 821.161.1
ББК 84(2Рос=Рус)6-44
    Т58

Серийное оформление и компьютерный дизайн А.А. Воробьева

Подписано в печать с готовых диапозитивов 17.06.2003.
Формат 84×108¹/₃₂. Бумага типографская. Печать офсетная.
Усл. печ. л. 20,16. Доп. тираж 5100 экз. Заказ 1391.
7-е издание.

Тополь Э.

Т58   Россия в постели: Роман / Э. Тополь. — М.: ООО «Издательство АСТ», 2003. — 380, [4] с.

ISBN 5-17-012551-8

Вниманию читателей предлагается роман «Россия в постели» известного во всем мире писателя.

УДК 821.161.1
ББК 84(2Рос=Рус)6-44

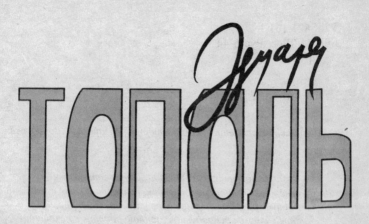

Россия
в постели

ИЗДАТЕЛЬСТВО

Москва
2003

От автора

Эта книга — шутка. Возможно, кто-то скажет, что это грубая шутка или даже пошлая шутка. Но это уж, как говорится, дело вкуса. Книга была написана урывками, по утрам, в ванной комнате бродвейской гостиницы «Грейстоун» в 1981 году — больше как бы для «внутреннего» употребления, чем для печати. Пятнадцать лет советская пуританская цензура кромсала мои киносценарии, вымарывая из них все, что имело хоть какое-то отдаленное отношение к нормальным сексуальным отношениям мужчины и женщины, превращая героев моих фильмов в бесполых строителей светлого будущего, и теперь, в Штатах, я, что называется, отводил душу. Не скрою — иногда с перехлестами. И потому, наверное, не публиковал эту книгу нигде, кроме Голландии (1986 год), — там относятся спокойно и не к таким публикациям.

А в России она впервые всплыла в пиратском издании 1993 года и после этого пошла гулять по стране своими ногами, остановить ее оказалось уже невозможно. Да и зачем?

Конечно, меня не раз спрашивали мои близкие: как я мог такое написать? Разве можно так обнажаться, да еще публично! Но я не чувствую угрызений совести или смущения — перед взрослой, конечно, аудиторией. Ну а детям эти книги читать ни к чему, я для них, кстати, написал совсем другую книжку...

И последнее оправдание, если оно все-таки нужно. Несколько месяцев назад я случайно прочел в журнале «Ньюсуик» небольшую статью, которая меня сильно впечатлила. По заказу конгресса США, говорилось в статье, группа ученых провела определенное исследование и после целого года работы доложила о своих выводах. Выслушать их собралось больше ста конгрессменов и сенаторов. И докладчик, обведя глазами собравшихся, сказал: «Уважаемые господа, наше исследование позволяет мне утверждать, что все сидящие здесь мужчины являются мужчинами лишь вполовину того, что понимали под этим их отцы и деды». Иными словами, комиссия, которая занималась определением половой мощи мужчин в конце двадцатого века, пришла к выводу, что новое поколение мужчин куда более слабое в сексе, чем поколения предыдущие. Причем не только в эмоциональном, но и в самом прямом, физическом выражении. То есть, называя вещи своими именами, даже величина половых органов стала вдруг резко уменьшаться у новых поколений! И не только у людей, но и у крокодилов, орлов и прочих животных... Виноваты в этом, конечно, Чернобыли, ДДТ и все прочие «прелести», которыми человек отравляет нашу зеленую планету. Но бороться за чистоту планеты мне, пожалуй, не под силу. А вот сохранить для грядущих поколений хотя бы память о том, КАК ЭТО ДЕЛАЛОСЬ в наше время, — задача вполне посильная. И уж если они не могут делать это так, как делали их отцы и деды, то пусть хоть почитают. Впрочем, иногда такое чтение даже лечит.

Москва — Нью-Йорк,
8 октября 1994 года
Эдуард Тополь

..., ...! как это слово,
Хоть для меня уже не ново,
Волнует, возмущает ум!
При свете дня, в тумане ночи
Она является пред очи,
О ней я полн игривых дум.
Ну так и кажется, что ляжки
Атлас я слышу под рукой,
И шелест задранной рубашки,
И взор краснеющей милашки,
И трепет груди молодой...

Г. Державин

ЧАСТЬ I

РУКОПИСЬ ОТ АНДРЕЯ

Глава 1

ЧТО ТАКОЕ ИДЕАЛ РУССКОЙ БАБЫ

> Растянута, полувоздушна,
> Каллипсо юная лежит,
> Мужчине грозному послушна,
> Она и млеет и дрожит.
> Одна нога коснулась полу,
> Другая нежно на отлет,
> Одна рука спустилась долу,
> Другая к персям друга жмет.
> И вьется кожею атласной,
> И изгибается кольцом,
> И изнывает сладострастно
> В томленьи пылком и живом.
> Нет, нет! и абрис невозможно
> Такой картины начертать.
> Чтоб это чувствовать, то должно
> Самим собою испытать.
>
> *А. Полежаев, поэма «Сашка»*

Кто-нибудь из вас *имел* идеальную русскую женщину? В самом центре России, в городе Горьком, что стоит над широким разливом знаменитой русской реки Волги, я, говоря по-английски, «занимался» любовью с той, которую до сих пор считаю идеалом русской женщины. В русском языке нет такого осторожного словосочетания, как «заниматься любовью», и смысл этого термина передают в России более грубыми словами, из которых самые цензурные — «иметь» и «трахаться». Итак, в самом центре России, в городе Горьком, я «трахнул», как я считаю, идеальную русскую женщину...

Конечно, многие могут спросить: а что это такое — «идеальная русская женщина»? Можете ли вы показать русскую Мэрилин Монро или Софи Лорен? К сожалению — нет. Конечно, в русском кинематографе есть несколько красоток в духе русских народных сказок, но даже если переспать со всеми ними сразу, к идеалу русской женщины не приблизишься, поверьте мне как телевизионному администратору.

И тем не менее я трахнул идеальную русскую женщину. Это случилось в городе Горьком, в гостинице «Москва». Мы — я и 50-летний телережиссер — стояли в вестибюле гостиницы у дверей парикмахерской. Был ленивый летний день, мы только что прилетели в Горький на выбор натуры, и оператор с художником уехали осматривать окрестности города, а мы с режиссером без дела болтались в гостинице. Он легко и уверенно кадрил 28-летнюю грудастую парикмахершу из гостиничной парикмахерской, их вечернее свидание было уже решено, и вот-вот должен был возникнуть вопрос: нет ли у нее подруги для меня?

И вдруг в глубине гостиничного коридора возникло и двинулось к выходу из отеля то, что заставило нас обоих просто окаменеть на месте. 17-летнее существо с глубокими голубыми глазами, в мини-юбочке, натуральная блондинка с тонкой талией и гитарным овалом бедер, на высоких ногах, с открытой незагорелой шеей — свежая, как Наташа Ростова, юная, как Лолита, и с грудью, как у молодой Софи Лорен, — даже мы, киноволки, обалдели от этого чуда и не знали, на что раньше смотреть — на грудь, на ноги, на бедра... Где?! В душной пыли провинциального Горького, в старой, дореволюционных времен купеческой гостинице, где в номерах с плюшевой мебелью теперь останавливаются партийные чиновники и прочая советская бонза, — и вдруг вот это юное, васильковое существо с телом, рвущимся сквозь короткое обтягивающее платье!

Я смотрел на нее завороженно, как ребенком смотрел диснеевскую «Белоснежку». Я смотрел, как она шла по коридору к выходу, — она несла свою юность, свою проснувшуюся или просыпающуюся женственность, как высокий бокал, переполненный томно-игристым и обжигающе-медовым напитком.

— Вот это да! — сказал я режиссеру, когда за ней захлопнулась дверь.

— Идиот! Что же ты стоишь? — сказал он. — Марш за ней! Ты должен трахнуть ее сегодня же! Эх, мне бы твои годы! Еще администратор называется!..

Ему не пришлось меня долго уговаривать. Я выскочил на улицу и увидел, что она еще недалеко ушла.

О том, как в России кадрят девочек на улице, можно написать целую главу, но я думаю, что она не прибавит ничего нового к известной американской книге «Как снять девушку». Женщины везде женщины, и самый верный и универсальный способ знакомства — это юмор, умение заставить незнакомую женщину улыбнуться. Недавно в каком-то журнале я прочел интервью с парнем, который каждый день кадрит новую девочку в «Блумингдейле» и «Саксе» на Пятой авеню. Он перетрахал уже несколько сотен американок, шведок, немок, японок, испанок и т. д., и все они, по его словам, открывались одним ключом — шуткой при знакомстве. В его перечне не было только русских. Но я тут же вспомнил своего приятеля, победителя многих телевизионных конкурсов юмора в знаменитой в СССР в 70-е годы, а затем прикрытой властями телепрограмме «Клуб веселых и находчивых». Этот мой приятель ежедневно отправлялся в ГУМ — советский эквивалент «Сакса» или «Блумингдейла» на Красной площади — и каждый день кадрил там очередную провинциальную красотку, приехавшую в Москву в поисках импортного нижнего белья или импортной косметики. Он, как и его американский коллега, тоже перетрахал сотни русских, украинок, латышек, киргизок, армянок и прочих представительниц восьмидесятинационального Союза Совреспублик, и все они, по его словам, сдавались ему после второй или третьей шутки.

Ну а представителям волшебного слова «кино» даже и шутить не надо при знакомстве с девушкой. Причастность к телевидению и кинематографу дает вам такую отвагу (или наглость), что вы легко вступаете в разговор с любой, зная наверняка, что при слове «кино» она уже никогда не пошлет вас к чертовой матери. Соперничать с кинематографическими и тележоловеласами в России могут только иностранцы, любая русская женщина «тает» от французского или английского акцента...

Итак, я выскочил из гостиницы, догнал удаляющуюся на высоких стройных ногах Белоснежку и уже через пять минут узнал, что Люба Платочкина (даже фамилия у нее была замечательная, от слова «платочек») — настоящая сибирячка, из далекого алтайского городка Рубцовска, и приехала в город Горький поступать в педагогическое училище. Тут вы должны оценить размеры этой скромности — при ее лице принцессы из старых русских сказок, при ее фигуре из лучших западных фильмов она решила стать школьной учительницей и выбрала себе даже не столичный педагогический институт в Москве или на худой случай в Ленинграде, а провинциальное Горьковское педагогическое училище!

— Я хочу учить детей русскому языку и литературе, — сказала она. — А вы действительно работаете на телевидении? Правда?

Я заверил ее, что правда.

— А вот я пишу песни. Стихи и песни, — вдруг сказала она. — Можно, я их вам спою и почитаю? Только вы мне честно скажете — это совсем бездарно или не совсем? Хорошо?

Нужно ли говорить, что я согласился?

В тот же вечер она пришла ко мне в номер, чтобы спеть мне свои песни. И даже принесла с собой гитару. Конечно, я был уверен, что песни и стихи у этой девочки будут безграмотные и бездарные, что в таком теле не может быть никакого таланта, кроме свежего женского обаяния, но я уже заранее был готов терпеть оскомину плохих стихов и ее гитару, и, наверно, я бы вытерпел любой, самый занудный инструмент вплоть до зубоврачебной машины, лишь бы потом, после этой профессиональной «консультации», перейти к главному «лакомству».

Каково же было мое удивление, когда она приятно низким, полным контральто запела удивительно чистые, почти профессионально написанные лирические баллады в духе Бернса или Уитмена! Там были даже запахи, в этих стихах, — запахи сибирских цветов, алтайских горных трав, там были шум реки и глубина неба. Право, она хорошо сочиняла и хорошо пела.

Конечно, мы пили при этом хорошее вино, ели мороженое и фрукты — уж я-то подготовился к этому вечеру! К тому же у меня был прекрасный двухкомнатный номер люкс в старинном русском купеческом стиле — с роялем, с картинами на стенах, с просторной мягкой мебелью. Но чем больше мы говорили с Любой о ее стихах и песнях, тем, казалось мне, я все дальше удалялся от своей первоначальной задачи соблазнить ее. Словно я ушел из той зоны, где мужчина и женщина чувствуют друг в друге самца и самку, и перешел в какую-то другую область — бесполую.

Между тем время шло — десять часов, одиннадцать, двенадцать... Трижды звонил мне в номер мой режиссер, он уже трахнул парикмахершу, отпустил ее домой к мужу и теперь изнывал от безделья и интересовался моими успехами: сколько палок я уже кинул? Кажется, эти вопросы заставляли меня даже краснеть, и я зло обрывал режиссера — бросал трубку и возвращался... к стихам!

Да, весь мой опыт ловеласа, бабника, трахальщика вдруг куда-то исчез, и я мялся на месте, буксовал в поэзии, боясь шагнуть за зону литературы.

Правда, вся эта беседа уже шла без света — мы ведь встретились засветло, да так и не включили свет, хотя давно стемнело. И в этом было, конечно, тайное лукавство нашей литературной игры. Свет уличного фонаря освещал через окно мой номер. Люба сидела лицом к окну, и я видел в полумраке ее темно-васильковые глаза, белые влажные зубы и сумасшедший вырез ее легкого платьица, в котором двумя матово-белыми алтайскими холмами дышала ее грудь. А когда она брала гитару и закидывала ногу на ногу, ее мягкие, с ямочками, колени отсвечивали в полумраке дразнящей белизной, тут мое сердце обмирало от желания.

По счастью, я сидел спиной к свету, и она не видела моего пылающего лица. «Черт ее знает — девственница она или женщина?» — гадал я. В России вы никогда не можете быть уверены в намерениях женщины, даже если она по своей воле пришла вечером к вам в гостиничный номер или в вашу квартиру. Взрослая на вид женщина может оказаться девственницей или ханжой — изнывая от желания, умирая от похоти, она ни за что не снимет трусики. И наоборот — четырнадцатилетняя соседка может зайти к вам якобы за солью или за книжкой, и, пока вы отвернетесь, она уже будет сидеть на вашей кровати, глядя на вас вопросительно взрослыми глазами...

После двенадцати, когда уже кончилась вторая бутылка вина, песни, стихи и, как пустой ручей, иссякла вся мировая литература, стало ясно, что дальше тянуть нельзя. Я встал, подошел к дивану, на котором она устало сидела с гитарой в руке, и наклонился к ней.

Боже мой! Кажется, никогда в жизни я не погружался в такие мягко-нежные, упруго-теплые, вишнево-сладкие губы! Я задохнулся сразу, на первом поцелуе. Если можно так сказать, я просто тут же морально кончил. Ей было неполных 18 лет, а мне тридцать шесть, но в эти секунды я стал ребенком и был им всю эту волшебно-пряную ночь. Не я обнимал ее, а она меня, не я посадил ее на колени, а она — да, да! — она усадила меня к себе на колени и стала целовать... Боже мой, я и сейчас, через четыре года, помню запах свежего молока, сена, клевера, вкус голубики — от ее тела, кожи, губ, зубов. Я становился все меньше и меньше, все младше и младше на этих мягко-упругих коленях, на этой еще прикрытой платьем груди. И только мой Младший Брат рвался сквозь брюки совершенно по-взрослому.

Мягким движением она показала мне, что хочет встать. Я нехотя оторвался от ее губ, сел рядом с ней, а она встала и вдруг одним простым и естественным движением, будто взмахом крыльев, сняла с себя платье. Да, просто вспорхнули руки снизу вверх и сняли платье, и теперь она стояла передо мной в двух узких полосках — трусики и лифчик, но и они исчезли после пары легких взмахов рук — исчезли так естественно и с такой простотой, как дети раздеваются в детском саду.

Господи, на этой странице в третий, наверное, раз призываю Тебя в свидетели! Это было как волшебное видение в свете желтого уличного фонаря — ее высокие стройные ноги, курчаво-темный лобок, белый живот, лира ее бедер, высокая талия и полуторакилограммовая грудь, на которую она уронила тяжелые, прежде взятые в узел волосы.

— Я хочу у тебя остаться, — сказала она. — Можно?

Представляете, она еще спрашивала! Но похоже, ответ она уже и сама прочла на моем лице, ведь теперь я сидел лицом к уличному фонарю, к свету. А она вдруг опустилась передо мной на колени, легким жестом коснулась моих бедер и приказала встать, беглым движением пальцев распахнула мою ширинку и, преодолевая сопротивление стоящего дыбом Младшего Брата, мягко спустила мои штаны вместе с трусами. При этом мой вздыбленный Младший Брат качнулся и упрямо уставился ей в лицо, как откатное орудие, как артиллерийская пушка уж не знаю какого калибра. (Когда вот так, в упор, хочешь бабу, кажется, что твой Младший Брат самого невероятного калибра, гаубица да и только, а после, когда дело сделано, видишь вдруг, что у тебя просто зажигалка или в лучшем случае дамский пистолет...)

— Дорогой мой, не томись! Милый... — Она, Люба, гладила меня по моим ногам и бедрам. Не я ее, обратите внимание, не я гладил ее по ее сказочным бедрам, а она меня! Гладила, успокаивая нервную дурацкую дрожь и приближаясь своими вишнево-жаркими губами к персикообразной головке моего Младшего Брата.

О, это касание влажных губ, это медленное прикосновение и отнятие рта, этот легкий пробег упругого, жаркого, дразняще-влажного языка по всему стволу вашего Младшего Брата, как будто пианист в одно касание пробежал по клавиатуре нежными пальцами, как будто великий скрипач быстро и легко провел смычком по всему грифу, и струны вздрогнули предчувствием большого концерта!

Люба Платочкина, алтайский подснежник, сибирская Белоснежка, провинциальное чудо — до чего же нежно, заботливо, я бы даже сказал — преданно исполняла она увертюру. Она не сосала, нет! Это вульгарное слово абсолютно не подходит! Потому что масса женщин действительно просто сосет, зная понаслышке, ориентируясь по этому самому слову, что надо делать. Нет, Любаша, Любочка Платочкина не сосала! Она обволакивала моего Брата влажной мякотью языка, щек, носа и горла. Даже заглатывая его, даже убирая его в себя целиком до яичек, она была нежно, мягко, обволакивающе заботлива, а потом, перехватив воздух и сглотнув слюну, она встряхивала головой, отбрасывая волосы за спину, и снова мягко, любовно и нежно обсасывала Брата своим язычком, постепенно погружая его в себя все глубже, глубже...

Когда сейчас, из-за этого письменного стола, я смотрю в ту ночь и вижу самого себя, стоящего без штанов в полосе света от уличного фонаря, с закрытыми глазами, обхватившего руками шелковоструящиеся волосы и голову Любы Платочкиной, прижимающего ее голову к своему Младшему Брату, когда я вижу сейчас эту почти скульптурную картину, я просто завидую самому себе — себе тогдашнему. Люба быстро и легко освободила меня от первого напора дурной спермы, и сделала это чисто, спокойно, почти, я бы сказал, по-матерински или как медсестра. Когда фонтан спермы рванулся из моего нутра в ее горло, она не взбрыкнулась, не отшатнулась, а стойко приняла в себя весь, наверно, двухсотграммовый заряд. Тут — вовсе не ради хвастовства, а только чтобы подчеркнуть самоотверженность Любы Платочкиной — я должен сказать, что мой Младший Брат отличается чрезмерно высокой производительностью спермы. Конечно, у меня нет возможности сравнивать, но большинство моих женщин прямо говорят мне, что такого количества спермы, какое при каждой эрекции извергает мой Младший Брат, им еще видеть не приходилось. И потому даже профессиональные минетчицы часто пасуют, когда им приходится глотать эти фонтаны. Но Люба выдержала! Она проглотила все и еще не сразу отняла свой рот, а медленно, почти незаметно, даже чуть-чуть подсасывая и облизывая языком моего опустошившегося Братишку, исторгла его из своего рта... Я нагнулся и поцеловал ее в глаза и в солено-влажные губы...

Теперь позвольте на время прервать эти воспоминания. Я сказал, что трахнул в ту ночь идеал русской женщины. И я уверен в этом до сих пор. Не только потому, что сибирячка Люба Платочкина была красива, как царевна из русских сказок, не только потому, что ее тело пахло голубикой русских лесов, и не потому, что в ее песнях журчали алтайские реки, — нет! А потому, что, имея все это, имея все, чтобы быть суперзвездой, она была застенчиво-скромна, удивительно заботлива ко мне, пожилому тертому мерзавцу, она была со мной — я не боюсь этого слова — как мать. Не за деньги, не за протекцию на московское телевидение, ни за что — просто я ей понравился самую малость хотя бы тем, что не лез к ней сразу за пазуху, не хватал за грудь, а слушал ее стихи и песни... И вот я хочу вас спросить: да знаете ли вы, что это такое — «настоящая русская женщина»? Кто это? Анна Каренина? Наташа Ростова? Соня Мармеладова? Жена великого русского поэта Пушкина Наталья Гончарова? Героиня русских сказок Аленушка — золотоволосая кукла с румяными щеками и длинной, до пояса, косой? Крепкогрудая Аксинья, донская казачка из «Тихого Дона» Шолохова? Или, как сказано у другого русского поэта, женщина, которая «коня на скаку остановит, в горящую избу войдет»? Можно ли вообще создать собирательный тип «настоящей русской женщины», как собирают сейчас криминалисты словесный портрет-фоторобот?

И если создать такой портрет — историко-социально-сексуальный, — можно ли вычислить, вообразить, как эта «настоящая русская женщина», квинтэссенция русской красоты, будет вести себя в постели? Ведь это загадка и белое пятно всей русской литературы — как ведут себя в постели русские женщины? Почти двести страниц Толстой готовит нас к моменту, когда Каренина наконец-то отдастся Вронскому, но как Толстой описал этот знаменательный момент? Вся постельная сцена опущена, то, ради чего был предан муж, сын, семья, положение в обществе, то, о чем мечтала Анна всю первую часть романа — трахнуться с Вронским, или, как пишет сам Толстой, «то, что почти целый год для Вронского составляло исключительно одно желанье его жизни, заменившее ему все прежние желания; то, что для Анны было невозможною, ужасною и тем более обворожительною мечтою счастия, — это желание было удовлетворено». Вот и все! «Было удовлетворено». А как удовлетворено? Каким способом? Что чувствовал Вронский, когда раздевал Анну? Когда взял рукой ее грудь? Что ощущала Анна, лежа под ним? Опытный, знавший толк в сексе граф Толстой, сам перетрахавший сотню, если не больше, своих крепостных девок, скрыл от нас все, кроме одной малозначительной подробности, — это произошло на диване, «...она вся сгибалась и падала с дивана, на котором сидела, на пол, к его ногам; она упала бы на ковер, если б он не держал ее. «Боже мой! Прости меня!» — всхлипывая, говорила она, прижимая к своей груди его руки... Было что-то ужасное и отвратительное в воспоминаниях о том, за что было заплачено этою страшною ценой стыда». И непонятно читателю — был Вронский хорошим или плохим мужчиной, и что в конце концов такого сладостного между ними произошло, что Анна, несмотря на эти «ужасные и отвратительные воспоминания», все же волочится за Вронским еще три тома...

Ни у Толстого, ни у Достоевского, ни у других известных миру крупных русских писателей нет эротических сцен и нет даже намека на то, что смыслит в сексе русская женщина. Мы знаем, что Мопассан внедрил в мировое общественное мнение сознание многократного превосходства французской женщины-любовницы над всеми другими, и практически вся мировая литература ничем не ответила на этот вызов. Немцы признали расчетливость своих фрау, англичане — холодность англичанок, и только «Кармен» Мериме удержала на пьедестале эротические достоинства испанок, а Бодлер вступился за евреек: «...с еврейкой бешеной, простертой на постели!..»

А искать эротические или сексуальные сцены в произведениях современных русских писателей — напрасный труд. Впрочем, как написал бы какой-нибудь ученый буквоед, «в мою задачу не входит защищать эротическую честь русской женщины». Но когда я задумал эту книгу и стал оглядываться по сторонам в поисках, на что бы опереться в русской литературе, живописи и науке для подтверждения и опровержения каких-то идей, я вдруг обнаружил, что вокруг — сплошная пустота. Эротические стихи русских классиков — под запретом. А неклассики, представители так называемой желтой бульварной дореволюционной русской литературы, давно уничтожены советской властью вместе с их книгами. Может быть, где-то в подвалах Ленинской библиотеки и хранятся дореволюционные эротические книги, но доступа туда нет даже сотрудникам научно-исследовательских институтов.

Психологические и социально-медицинские исследования в области эротики современной русской женщины тоже, насколько я знаю, не проводятся, во всяком случае в печати об этом нет ни слова. И только изредка какой-нибудь очень уж бойкий врач-психиатр пытается открыть консультационный пункт по лечению расстройств женской психики или половых расстройств.

Короче говоря, никакой социально-бытовой статистики, никаких научных или медицинских данных об эротике в советской печати нет.

Поэтому я отправляюсь в это исследование, в эту книгу, как рыбак-одиночка в открытый океан. Только мой личный опыт служит мне компасом, моя постель служит мне лодкой, а простыни этой постели — сменные паруса в этом путешествии. Оглядываясь назад, на свою сознательную половую жизнь, я вижу, что эту лодку часто бросало в жестокие штормы, что паруса нередко были порваны в клочья или залиты кровью во время сексуальных баталий и вся моя холостяцкая жизнь висела на волоске, и больше того, я хорошо, отчетливо помню, как десятки, если не сотни раз я кричал, стонал и шептал в минуты наслаждения: «О Господи, я умираю!» — и это лучшее подтверждение высокого эротического престижа русской женщины. Никакие еврейки, казашки, бурятки, осетинки, украинки или заезжие француженки и американки не доставляли мне такого наслаждения, как наши местные провинциальные, даже не московские, а именно провинциальные русские женщины.

Но не будем забегать вперед. Читатель ждет конкретных доказательств. Сейчас, товарищи, сейчас. Вернемся в город Горький, в гостиницу «Москва».

...Я тоже разделся. Догола. Вообще-то сразу после акта хочется обычно натянуть трусы, поскольку вид безвольно опавшего Младшего Брата как-то не поддерживает ваше мужское достоинство. Поэтому я предпочитаю после акта надеть трусы. А кроме того, срабатывает еще один инстинкт — защиты. Усталый, перетрудившийся член сам стремится спрятаться в какую-нибудь скорлупу, как улитка, спрятаться так, чтобы никто и ничто не касались его. Я помню, такое же чувство было у меня после операции аппендицита, когда хотелось постоянно прикрывать ладонью еще незаживший шов — чтобы никто не дотронулся, не дай Бог! Так при ранах и ушибах вы бережете пораненное место. Мой Младший Брат имеет ту же потребность — сразу после акта минут на десять—пятнадцать он хочет спрятаться, укрыться, избежать чьих-либо прикосновений. Помнится, в Ленинграде у меня была потрясающая любовница — полноватая, зажигательная и удивительно заботливая тридцатилетняя брюнетка, которая ублажала меня в постели так замечательно и отдавалась так темпераментно, что у меня и сейчас, при одном воспоминании, кровь бросается в голову. Боже, что она делала! Что она вытворяла своей роскошной, мягкоупругой задницей! Эта задница была изумительным инструментом возбуждения! Стоило ей повернуться ко мне спиной и чуть вильнуть, как мой Младший Брат вскакивал, будто у пятнадцатилетнего мальчишки. А принимая его в себя, ее Младшая Сестренка умела какими-то специально тренированными мускулами обжимать моего Братишку, словно трепещущим пульсирующим колечком, и втягивать, всасывать в себя! Да, мускулатурой ее Сестренка действовала, будто ртом, — такое удовольствие я нашел во всей

России раз пять, не больше, и тем не менее мне пришлось расстаться с этой женщиной. Потому что при всех ее восхитительных качествах у нее была одна нелепая привычка: она любила держаться за член. Сразу после акта она забирала моего Младшего Брата в руку и держала его в ладони, как заложника. Не ласкала, не возбуждала, просто держала. И только так она могла заснуть. Что я ни делал, чтобы освободить его из этого плена! Отворачивался, поджимал под себя колени, прятал своего Братишку, заслонял его своими ладонями, просто скандалил — все было бесполезно, стоило мне уснуть, как через несколько минут я просыпался от того, что она держится за Брата. Я терпел. Думаю: ладно, такая замечательная баба, так прекрасно отдается, делает все, что только я прикажу, и после этого еще и сама же купает меня в ванной, отмывает моего Братишку, — уж ради такого обслуживания потерплю пару минут, пусть уснет с моим членом в руке, а я его потом как-нибудь высвобожу из плена. Но дудки! Не тут-то было! Даже во сне она не отдавала мне моего Младшего Брата. Случайно выпустив его, она тут же сонными руками шарила по моей спине, животу, коленям, и, как я ни уворачивался, как ни отодвигался, она находила его, забирала к себе в ладони и только тогда засыпала снова, счастливо чмокая во сне пухлыми губами. Что мне было делать? Я не могу спать, когда кто-то держит меня за член! А вы можете?

Короче говоря, я привык после акта надевать трусы, такая уж у меня слабость, извините. Но тут, в городе Горьком, в ту благословенную ночь я просто позабыл о всех своих привычках. Сразу после «увертюры» я разделся догола, и мы с ней были как Адам и Ева среди купеческо-мягкой мебели провинциальной русской гостиницы, в номере, украшенном огромной пальмой в деревянной кадке. И что же, вы думаете, мы делали? Вообразите себе — она мне играла на рояле! Она играла мне на рояле и пела свои баллады, но, конечно, это продолжалось недолго. Потому что, пока я стоял у нее за спиной, мой опавший Младший Брат касался ее лопаток, гладил ее по позвоночнику и зарывался в ее мягкие, пушистые, льняные волосы. Нужно ли говорить, что уже через несколько минут мы снова были в постели?

И вот здесь я должен сказать, что эта 17-летняя Любаша Платочкина оказалась и Анной Карениной, и Наташей Ростовой, и Сонечкой Мармеладовой, и Настасьей Филипповной, и царевной из старых русских сказок. Она была по-царски щедра на ласки, она была застенчива, как Сонечка Мармеладова, трепетна, как Наташа Ростова, отчаянно-доверчива, как Анна Каренина, и неистова, как Настасья Филипповна. Но все это вам ничего не скажет, если вы не поймете, что во всякой позе нашего соития, при любом, самом несусветном положении, когда в неистовом приступе желания мы уподоблялись всем земным тварям Господним — от четвероногих до земноводных, когда я тискал ее, раздвигал, вертел ее волчком на моем Брате, а потом погружал его для отдыха ей за щеку — во всех этих замечательных безумствах я испытывал еще одно, уже не сексуальное, а духовное чувство — у меня было ощущение, что она меня нянчит, что она позволяет мне баловаться, безумствовать, терзать и мять ее тело, как позволяет добрая нянька грудному ребенку щипать себя, кусать молочными зубами и даже бить младенческим кулачком. Порой ей было больно уже взаправду, но она терпит, и даже смеется, и даже гладит своего маленького тирана...

Вот что такое русская женщина в своем идеале. Мне сорок лет, за последние двадцать из них пере-

трахал я сотни баб, попадались мне и залетные ту-
ристки из Парижа и Нью-Йорка, и я могу сказать,
что русская женщина в постели — это не только
женщина, но и еще что-то. И очень часто — во
всей остальной жизни тоже. Не только любовница, но и нянька. Может быть, именно поэтому холостые иностранцы почти никогда не уезжают
домой без русских жен.

Глава 2

АВТОРЫ О СЕБЕ
И О ТОМ, КАК И ПОЧЕМУ
ОНИ НАПИСАЛИ ЭТУ КНИГУ

Андрей:

Теперь позвольте представиться подробней. Мне сорок лет, рост метр семьдесят, блондин, глаза серые. Последние десять лет работаю администратором московского телевидения и потому объездил всю страну от Прибалтики до Камчатки. За это время перетрахал сотни баб, хотя отнюдь не считаю себя сексуальным маньяком. Просто когда работаешь на телевидении, нетрудно иметь свежую девочку хоть каждый день. Причем не шлюх и не проституток, а дармовых девочек, девушек и женщин, которые от скуки провинциальной жизни и от серости сексуального бытия сами тянутся в постель к приехавшим из столицы мужчинам. Поэтому я считаю, что у меня есть определенный сексуальный опыт — географический, социальный и возрастной. Когда мне пришла в голову идея написать книгу о том, как мы занимаемся любовью, я стал исподволь расспрашивать своих друзей об их сексе. Знаете, мужчину не нужно долго вызывать на такие откровенности. Любой мужик в мужской компании любит прихвастнуть какой-нибудь командировочной историей, когда он за одну ночь трахнул троих, или о том, как он на курорте дернул дочку министра. Я стал записывать и систематизировать эти рассказы, но скоро понял, что они мало что прибавляют к моему собственному опыту. Во всяком случае, мой опыт, мое личное ощущение женщины, постели, процесса предварительной игры и нирваны погружения моей упругой плоти в жаркую, сочную и мягко сопротивляющуюся плоть женского тела — эти впечатления кажутся мне острее и ярче, чем чужие. И кроме того, тут вы имеете информацию из первых рук. Поэтому я решил, что в этой книге я не буду пользоваться чужим материалом, не буду пересказывать чьи-то посторонние истории, а только, ориентируясь на рассказы своих друзей, выберу из своего опыта самое типичное. Так начиналась эта книга. Я писал ее несколько месяцев и все это время напряженно, уже как исследователь, присматривался к женщинам, которые оказывались в моей постели. Нужно сказать, что это очень интересное, просто захватывающее занятие — даже в самый острый момент совокупления отделить от себя второго человека, наблюдателя, который как бы со стороны следит за тобой и твоей партнершей, регистрирует каждое ваше движение, жест, слово, вздох, крик, напряжение мускула, вспыхнувший в темноте зрачок, ритм дыхания, запах течки, белый блеск зубов, непроизвольные реплики, энергию удара лобка о лобок и пронзительную силу внедрения во все доступные, малодоступные и даже недоступные отверстия женского тела. О, теперь я понял, какое изысканно-изощренное удовольствие получают от жизни писатели! Мало того, что они живут, они еще наблюдают эту жизнь!..

И все-таки я чувствовал, что чего-то не хватает в моей книге. При всем моем стремлении быть объективным, расширить свой рассказ, чтобы книга была не просто пересказом моих похождений, но и носила характер социально-сексуального исследования, я чувствовал какую-то необъективную однобокость моего труда. И тогда я понял, что мне не хватает женщины. Женщины-соавтора, которая могла бы так же откровенно, как я, и так же свободно рассказать о своем сексуальном опыте. Я стал присматриваться к знакомым бабам. Конечно, соблазнительней всего и проще было пригласить в соавторы какую-нибудь актрису — уж среди них-то есть бляди с таким опытом, что самой завзятой проститутке из гостиницы «Метрополь» не снилось! Но я отбросил эту идею. Во-первых, актриса никогда не расскажет вам правду, и даже если ее напоить до потери пульса, она все равно будет врать и наигрывать, даже не нарочно, а так, по своей природе. А во-вторых, сексуальный опыт актрисы все-таки нетипичен для всех остальных женщин. Они спят с режиссерами, актерами, журналистами, адвокатами, врачами и очень редко — просто с заурядным русским мужиком, с нормальным русским мужчиной. А я очень хотел найти такую женщину, которая рассказала бы, что это такое — русский мужик в постели. Ведь есть два литературно-исторических понятия — «русская женщина» и «русский мужик». Что такое русская женщина в постели — это я расскажу вам сам, а вот каков русский мужик в постели, я рассказать не могу, конечно. Я долго искал, кто же это сделает за меня. Мне нужна была современная женщина примерно моих лет с богатым женским опытом и достаточно откровенная и наблюдательная. И я нашел такую женщину — красивую, преуспевающую женщину-юриста, юридического консультанта крупного московского завода. По роду своей работы она тоже объездила в командировках всю страну, была в самых разных социальных кругах.

Честно скажу, я с большой опаской рассказал ей о своей идее. Я боялся, что она оскорбится моим предложением и после первых же слов пошлет меня к чертовой матери. Ведь я ни много ни мало предложил почти незнакомой женщине рассказать о всех ее связях с мужчинами, начиная чуть ли не с детского возраста. Рассказать, с кем, как и когда она спала, кого соблазнила и кто соблазнил ее. Рассказать в подробностях, что она, русская женщина, ощущает в момент совокупления с русским мужчиной, с евреем, азербайджанцем, киргизом и другими мужчинами страны. Представляете, я приду к вашей жене с таким предложением?

К моему изумлению, она согласилась сразу. Она ухватила идею с первых слов и согласилась мгновенно, мне даже не пришлось ее уговаривать. Почему это произошло?

Ольга:

Потому что мужчины — дураки. Они считают, что женщины стыдливы, скрытны и наивно-лживы по своей женской сути. Наверно, мужчинам хочется, чтобы мы были такими, но это далеко не так. Когда вы переспите с хорошим мужчиной, который удовлетворил вас не раз, не два и не три, а хотя бы пять-шесть раз за ночь, каждая жилка, каждая нервная клетка вашего тела, каждая пора вашей кожи становится прозрачно-очищенной и невесомо-прозрачной, и как бы вы ни устали от бессонной ночи — ваши глаза сияют независимым блеском; и хочется на весь мир крикнуть, как замечательно, как восхитительно провели вы эту ночь!

Но почему-то мужчины думают, что только они способны к откровенности. Глупости! Я с радостью приняла идею Андрея, я уже давно ощущала, что мой сексуальный опыт не используется полностью, хотя уже лет десять назад я почти целиком перешла на молоденьких мальчиков и стала обучать их искусству быть настоящими мужчинами. В жизни каждой нормальной женщины наступает такая пора, это закон природы, и если бы взрослые женщины не учили подростков настоящему сексу, а взрослые мужчины не развращали юных девочек, я уверена, что человечество вымерло бы от скуки сразу после своего рождения.

Итак, я приняла предложение Андрея, и мы сели писать эту книгу вместе. То есть каждый писал свои главы врозь, а потом мы читали их друг другу, обсуждали, какие стороны еще не освещены, что дополнить и что объяснить. Конечно, поначалу было трудно входить в некоторые интимные подробности. Все-таки не так-то просто рассказать незнакомому мужчине о том, например, как уже в четырнадцать лет мне до ужаса захотелось взять в рот настоящий, взрослый, большой мужской член. Я знала, что мальчики в нашем классе уже с десяти лет занимались онанизмом, на переменках они терлись о наши девчоночьи задницы своими напряженными лобками, но я презирала их за это, уже в шестом классе я дала кому-то за это по морде, и от меня отстали мои одноклассники. А для мальчишек из десятых классов я была слишком мала — они уже мечтали о настоящих взрослых женщинах. Конечно, любой из них с удовольствием сунул бы свой член мне в рот и куда угодно, но я искала не это. Я бредила взрослым, большим залупленным членом, который увидела на одной картинке из итальянского журнала у своей школьной подружки. До этого момента я была нормальной, стеснительной и полуразвитой в сексуальном отношении девчонкой, я бы даже сказала, что моя сексуальность спала. То есть я уже разбиралась понаслышке, что к чему, и гладила по ночам свои груди и клитор, но все это было почти неосознанно, лениво, сонно, как будто в полудреме пробуждающейся во мне женщины. Но когда я увидела на фото огромный стоячий мужской член и рядом с ним — девочку моих лет, которая лукавым язычком касается напряженно-синих жилок этого члена, — помню, я чуть не потеряла сознание. Словно ослепительная вспышка чувственности пробудила во мне женщину. Не девушку, а сразу — женщину. Четыре дня я как полоумная бродила по московским улицам, упорным взглядом рассматривая мужские ширинки. О том, как и где я выследила наконец свой первый мужской член и как получила его, я расскажу в одной из глав этой книги, а сейчас я просто хочу повторить, что не так-то просто было сразу рассказать об этом Андрею. Конечно, если бы он был женщиной — другое дело, а так...

Короче, у нас было два пути к предельной откровенности. Или сразу переспать друг с другом, или напиться вдвоем до чертиков. Мы решали эту задачу в трезвом состоянии и, я думаю, выбрали правильный путь.

Мы напились. По-русски. И сказали друг другу, что мы просто брат и сестра, и дали себе зарок не прикасаться друг к другу до конца книги. Так мы перешагнули порог стеснительности и вошли в зону откровенности, и я уверена, что это было правильно. Если бы мы пошли другим путем, мы бы не написали такую откровенную книгу. Очень скоро мы вошли в полосу такой доверительности, которой я не знала ни с одной подругой и ни с одним мужчиной. Нужно ли говорить, что в конце работы над книгой, после того, как мы уже рассказали друг другу все или почти все о том, как и с кем каждый из нас переспал, мы так распалили себя, что уже умирали от желания обладать друг другом. Я помню, где-то после шестой главы мы уже не могли совладать с искушением и попробовали напиться, чтобы избежать соития, но и это не помогло, и только чудо — у Андрея от волнения не встал член — спасло нас от нарушения этого обета. Мы усмотрели в этом знак рока, много смеялись над этой ситуацией и уже не возобновляли этих попыток до конца книги... И лишь когда мы добрались до последней главы, то заключительные строки этой книги мы дописывали, раздеваясь. Андрей еще стучал на машинке последние слова, а я уже бежала из ванной в постель.

Глава 3

ВЕРХОВНАЯ УЧИТЕЛЬНИЦА

Я очень поздно стал мужчиной. Другие становятся в 15—16 лет, некоторые и еще раньше, а я даже в армию ушел девственником. Представляете, какая это была пытка — два года солдатской казармы, где с утра до ночи и особенно с ночи до утра только и разговоров о женщинах, — а о чем еще разговаривают в солдатских казармах! Каждый выкладывает сумасшедшие истории, как за ночь по пьянке трахнул четверых, а пятую утром — на опохмелку, и очередь рассказчиков идет по кругу, и вот уже скоро твой черед, и ты лежишь, не зная, как бы ответеться от рассказа, потому что рассказать нечего и даже врать не из чего. Но вал рассказов о «жареном» все ближе, и наконец Алеха Куцепа с нижней койки бьет меня ногой под матрас:

— Эй, Андрей, давай, расскажи, твоя очередь!

Сто сорок солдатских глоток хохочут, а я молчу, прикидываясь спящим, и мычу что-то как бы во сне.

— Эй, Андрей! — тычет он снова ногой под мой соломенный матрас, и даже сквозь солому его пятка чувствительно достает мое ребро, но я все равно молчу и слышу, как кто-то говорит презрительно:

— Да брось ты его, он еще бабы не нюхал. Целка! Давай, кто следующий?

Волна разговоров уходит дальше, я лежу под солдатским суконным одеялом, скрючившись от стыда, жадно прислушиваюсь к очередному трепу о том, что «ну тут я ей ка-а-ак засадил!», или «мы ее вчетвером без передышки жарили — ну падла — хоть бы что!», или «нет, сначала я ее в рот отворил, а Серега — сзади, а потом мы махнулись, она Серегу сосет, а я ее через жопу драю», — я лежу под своим солдатским одеялом, умостив голову в лунке соломенной подушки, дразнящая похабель секса, истомленной солдатской спермы, напряженного жеребиного желания женской плоти гуляет по ночной казарме, и на семидесяти двухэтажных койках нет, я думаю, ни одного невздыбленного члена, хоть и морят нас врачи бромом, т. е. каждое утро подливают на кухне в котел с овсяной кашей раствор брома, чтобы успокоить горячие солдатские сны, — так вот, я лежу под своим суконным одеялом и, конечно, мечтаю о том, как, выйдя из армии, трахну полмира. Нет, не полмира, а хотя бы одну — вот, например, такую, как вчера в кино показывали, — актрису Элину Быстрицкую. Боже, что я выделывал с этой Быстрицкой в своей солдатской постели! Как я драил, харил, шворил ее, звезду советского экрана, — да я ли один! Знала бы она, знали бы эти звезды советского и зарубежного киноэкрана, что ежедневно и круглосуточно — когда они спят со своими мужьями и любовниками, ужинают или обедают в ресторанах, загорают на пляже, снимаются в кино или даже когда они кормят грудью своего ребенка — их беспрестанно имеют сотни тысяч военнослужащих нашей доблестной Советской Армии! Одиннадцатичасовой временной пояс пересекает страну, наша доблестная армия расположена на огромной территории от Камчатки до Берлина, и во всех армейских частях два раза в неделю крутят фильмы — в основном советские, а если западные, то очень старые, а после просмотра кино армия укладывается спать, и на соломенных солдатских матрасах от Камчатки до Праги, от Диксона до Тегерана начинается горячая ночь с очередной, только что увиденной актрисой. Многомиллионная армия двадцатилетних парней дрочит и онанирует, терзая в своих снах Терехову и Софи Лорен, Теличкину и Марлен Дитрих, Неелову и Николь Курсель. И когда их уже трахнула Камчатка и побудка сорвала солдат с липких от бесполезно пролитой спермы простынь, в это время там, на Западе, под Брестом и Прагой, сотни тысяч других двадцатилетних танкистов и артиллеристов уже ложатся в койки, чтобы трахать в своих тревожных снах все ту же Терехову и Софи Лорен, все ту же Быстрицкую или актрису на все времена Грету Гарбо, которая уже давно и в живых-то нет...

Можете представить, что делалось с моим Младшим Братом, когда я наконец демобилизовался из армии, с каким жадным нетерпением я ехал домой, чтобы быстрей трахнуть хоть какую-нибудь бабу!

В поезде первой же ночью я атаковал какую-то совершенно незнакомую 35-летнюю тетку. Не помню подробностей, а только помню пропахший потом ста пассажиров полумрак общего вагона и себя, на узкой верхней полке обнимающего какое-то завернутое в простыни, в комбинацию и рейтузы женское мясо. Удивительно, что когда я среди ночи спустился с третьей полки на вторую, где спала эта тетка, когда я прижался к ее горячей спине — она не шевельнулась. И пока я тискал ее грудь, и вжимал своего темпераментного Младшего Брата в ее бязевую комбинацию и трикотажные рейтузы, и терся об нее всем телом, она молчала, притворяясь спящей. Потом я наконец нашарил рукой резинку ее трусов и начал стаскивать их, но тут она стала сопротивляться. Молча, без единого слова длилась эта напряженная борьба. Рядом, на соседней полке, храпел какой-то старик, внизу и сбоку на других полках спали какие-то тетки, мужики и дети, а мы на узенькой вагонной полке вели глухую, ожесточенную рукопашную борьбу за каждый сантиметр ее никак не слезающих с бедер трусов.

Боже мой, сколько раз потом, в нормальной взрослой жизни, я перетрахал баб в поездах дальнего и ближнего следования! Без борьбы, в отдельном мягком купе «СВ», с хорошим коньяком или вином в перерывах и полной самоотдачей в процессе! Но почему-то первый «дорожный роман», первая встреча с женским телом пришлась в моей юности на вот эту узкую полку общего вагона! Да, я победил в этой борьбе, я стащил с нее рейтузы и трусы. И навалился на нее, и мой пылкий Младший Брат уже нырнул куда-то в свободное пространство меж ее полных ляжек, но... в эту минуту и кончил. Вы и не ждали ничего другого, понятно. Но она ждала! Помню, с каким презрением оттолкнула она меня от себя и как постыдно, чуть не плача, я убрался с ее полки на свою — самую верхнюю, третью, солдатскую полку. На следующее утро она сошла где-то под Харьковом, ушла из вагона, даже не взглянув на меня, и растворилась в необъятных просторах России — первая женщина, на которую я пролил свою сперму!

Теперь я опущу еще несколько таких же юношески-неуклюжих и беспомощных моих попыток проникнуть в женское тело — честно говоря, я и сам уже почти не помню ни тех лиц, ни тел, разве только худосочное, хилое тельце какой-то ростовской полупроститутки, которая привела меня из скверика, где мы с ней целовались, к себе в комнату — в общей квартире, и в этой комнате площадью примерно в четыре квадратных метра стояли одна узкая кровать, какой-то убогий комод и столик и — все. Нет, не все, еще на кровати спал трехлетний ребенок. И вот здесь, на полу, на каких-то наспех набросанных тряпках, при погашенном свете, при чужих инвалидах-соседях, которые, конечно же, не спали за стеной в смежной комнате этой коммунальной квартиры, — вот здесь свершилось то, о чем я мечтал, наверно, с шестого или седьмого класса, что снилось почти еженощно на соломенных солдатских матрасах, — я трахнул бабу, я стал мужчиной.

Господи, до чего убого, бездарно, невкусно и бесцветно это было! Повторяю, не помню подробностей, да их, наверно, и не было — интересных подробностей, просто мы легли на пол, она раздвинула ноги, и я уткнул своего Младшего Брата в ее хлюпающую расщелину в поисках тех сокровенных радостей, о которых столько говорили ребята в армии и столько написано в разных книгах. Конечно, через минуту я кончил, затем с юношеской запальчивостью повторил свой заход, но костлявое тельце моей партнерши не давало никаких наслаждений. И помню, как я возвращался от нее ночью по безлюдным ростовским улицам, отплевываясь, разочарованный в устройстве мироздания. Если вот это и все, думал я, поглядывая на черное южное звездное небо, если ради вот такой хлюпающей дырки пишутся стихи и сражаются на дуэлях, если Петрарка и Бернс, Пушкин и Гете сочиняли свои вирши во имя этой влажно-клейкой, пахнущей несвежей масляной краской щели меж двух раздвинутых ног, — нет, Боже, это не для меня! Я не могу сказать, что свет померк для меня в ту ночь, но просто рухнула еще одна сказка, которыми взрослые пичкают нас с детства насчет Деда Мороза и других волшебств. Вся эта «небесная радость», «несказанное блаженство» и «высшее наслаждение» оказались просто никчемным погружением в какую-то хлябь, не вызывающую никаких эмоций, кроме брезгливости и отвращения.

Теперь, отсюда, с высоты своего возраста и опыта, я с улыбкой смотрю на себя тогдашнего — прыщавого двадцатилетнего юнца, который брел по ночным ростовским улицам, разочарованный устройством мира. Нет, мир устроен блистательно, молодой человек, и если бы сейчас к тебе, сорокалетнему, привели эту же ростовскую фабричную девку, не имеющую понятия о сексе, а только и умеющую что раздвинуть ноги, — о, ты бы теперь дал ей пару уроков, и мир засиял бы снова уже и для нее тоже. Ведь хуже твоей юношеской разочарованности ее взрослая будничная уверенность в том, что секс — это просто раздвинуть ноги и ждать. Большая половина женского населения страны ничего другого и не знает — горькая, бесцветная, тупая жизнь скотного двора. Сколько раз потом, лет эдак через пять—восемь, ты будешь вытаскивать женщин из этой плоской и серой скотской жизни и возвращать их в мир цвета, объема, радости и наслаждений — за одну ночь, за две, ну а в трудных, почти клинических случаях — за месяц. Нет ни одной женщины, которую нельзя обучить наслаждаться сексом — не просто довольствоваться приятностью совокупления, нет, именно наслаждаться сексом, терзать, грызть это наслаждение крепкими молодыми зубами, грызть вдвоем, как терзают, балуясь, тряпку два разыгравшихся щенка.

Но все это — в будущем, все эти наслаждения, половые схватки, постельные баталии и услады — после, через несколько лет, и не просто так, не случайно, а благодаря той единственной учительнице, которая в течение нескольких недель превратила неумелого, бездарного прыщавого и разочарованного в мироздании юнца в подлинного (я смею верить) мужчину.

Итак — учительница! Моя дорогая, моя сексуальная наставница, которой я обязан всем, что я умел и умею. «Всему лучшему в себе я обязан книгам», — сказал наш великий пролетарский писатель Максим Горький. Ну что ж, я могу повторить вслед за ним: всему лучшему, что я умею делать с бабой, я обязан Ире, Ирочке Полесниковой, корректору нашей городской газеты «Южная правда».

Ей было 25, мне — 20. Она была корректор, а я — курьер на полставки, т. е. на 3 дня в неделю. У нее была дочка четырех лет и мама, которая работала в той же редакции заведующей канцелярией. И втроем они жили в крохотной однокомнатной квартире. При этом мама работала в редакции днем, а Ира — с полудня до вечера, поскольку корректорская работа — вечерняя. Таким образом, для секса у нас было только утреннее время — после того, как Ирка отводила дочку в детский сад. Я помню, как каждое утро я вскакивал пораньше, боясь проспать «на работу», наспех проглатывал чай с бутербродом и — убегал. Мама не понимала, почему нужно так лихорадочно убегать на работу, а папа говорил: «Что? Они уже без тебя не могут выпускать свою газету?» Я бурчал что-то в ответ и выскакивал на улицу. Сначала трамваем, а потом пешком я мчался в пригородный район, к Иркиному дому. Весь город съезжался на работу к центру, я же летел на свою «работу» навстречу этому трудовому потоку, и главной опасностью на моем пути было — встретить Ирину маму, столкнуться с ней нос к носу на трамвайной остановке или тогда, когда она будет выходить из дому со своей внучкой. Как заведующая канцелярией, она позволяла себе опаздывать на работу минут на пятнадцать—двадцать, и вот эти пятнадцать минут были самыми томительными и опасными в моей юности. В восемь тридцать я уже кружил по кварталу, где жила Ирка, издали высматривая, не идет ли Марья Игнатьевна, курил одну сигарету за другой и еле сдерживал себя от соблазна позвонить Ирке по телефону. Ирка строго запретила звонить, чтобы не нарвался на маму, которая всегда берет трубку первой, и разрешила мне появляться только после того, как она откроет занавески на окне. И вот, совсем по Стендалю, как молодой идальго под окном возлюбленной, с Младшим Братом, разрывающим от нетерпения пуговицы на ширинке, я прятался в соседних подъездах, высматривая оттуда окно на втором этаже напротив. Через два дома от Ирки жила заведующая партийным отделом нашей газеты Зоя Васильевна Рубцова, сквалыжная баба, которая вообще ходила на работу когда хотела, и эта дополнительная опасность встретить ее еще больше осложняла мое положение. Но вот — наконец! — Марья Игнатьевна выходит с внучкой из подъезда и на своих толстых пожилых ногах, увитых синими венами, медленно — чудовищно медленно!!! — идет вверх по улице. Я с нетерпением поглядываю на окно — ну, в чем дело? Почему не раздвигаются занавески?! Я смотрю на часы и считаю — ну хорошо, она, Ирка, пошла в туалет, душ принять перед моим приходом или просто пописать, но сколько же можно писать?! Черт побери, уже четыре минуты прошло, уже Марья Игнатьевна свернула за угол и — путь открыт, но почему закрыты эти проклятые сиреневые занавески? Может, она уснула? Наконец я не выдерживаю и бегу к телефону-автомату. Черт бы побрал эти вечно поломанные телефоны-автоматы!

— Ну, в чем дело?! — говорю я наконец в трубку.

И слышу в ответ низкий Иркин голос:

— Людмила Кирилловна, здрасте. Мама уже вышла, она минут через тридцать будет в редакции, одну минуту подождите у телефона...

Я жду. От ее грудного голоса мой Младший Брат вздымается с новой, решительной мощью, и я с трудом уминаю его куда-нибудь вбок от ширинки, чтобы не прорвался он сквозь трусы и брюки. А она вдруг шепчет в трубку:

— Подожди, соседка пришла за солью...

И — гудки отбоя.

Господи! Сколько еще можно ждать? Время — мое время утекает сквозь жаркий асфальт, уже девять пятнадцать, а я еще не у нее, елки-палки!

Ага! Наконец-то раздвинулись эти скучные занавески! Как регбист с мячом бросается в счастливо открывшуюся щель в обороне противника, так я со своим отяжелевшим, напряженным Младшим Братом стремглав лечу к ее подъезду. Два лестничных марша я просто не замечаю, дверь на втором этаже уже приотворена, чтобы мне не стучать и чтобы соседи не слышали стука, и вот — на ходу срывая с себя штаны и трусы и разбрасывая по комнате туфли — я ныряю в ее теплую постель. А она уже идет — ее длинное бархатно-налитое тело со змеиной талией, упругой задницей и медовой грудью.

— Тише, — говорит она смеясь. — Подожди, успокойся.

Куда там! У нас с Иркой никогда не было лирических вступлений, ухаживаний, влюбленности и прочей муры. Мы были любовниками чистой воды — из двери прямо в постель и — к делу! Мне было 20 лет, и, как вы понимаете, моему истомленному ожиданием Младшему Брату нужно было немедленно, сейчас же утонуть в чем-то остужающем!

И я рвусь оседлать свою любовницу, но Ирка не разрешает.

— Нет, не так, ну подожди, успокойся, лежи на спине, тихо, не двигайся! Не шевелись даже...

И она укладывала меня плашмя на постели, и я лежал в ней, как на хирургическом столе, а Ирка приступала к сексу, как виртуоз-пианист подступает утром к своему любимому роялю. Еще чуть припухшими со сна губами она тихо, почти неслышно касается моих плеч, ключиц, пробегает губами по груди и соскам, ласкает живот, и, когда мне кажется, что я сейчас лопну, что мой Младший Брат выскочит из кожи, что он вырос, как столб, и пробил потолок, — в эту, уже нестерпимую, секунду Ирка вдруг брала его головку в рот. Боже, какое это было облегчение!

— Не двигайся! Не шевелись!!!

Конечно, я пытался поддать снизу задницей, чтобы Братишка продвинулся глубже, но не тут-то было, Ирка знала свое дело.

Это была только прелюдия, а точнее — проба инструмента.

И, убедившись, что инструмент настроен, что каждая струна моего тела натянута как надо и я уже весь целиком — один торчащий к небу пенис, Ирка усаживается на меня верхом и медленно, поразительно медленно, так, что у меня сердце зажимает от возбуждения, насаживает себя на мой пенис. Сначала — прикоснется и отпрянет, прикоснется и отпрянет, и так — каждый раз буквально на микрон глубже, еще на микрон глубже, еще, вот уже на четверть головки, на четверть с микроном, на четверть с двумя микронами...

О, это томительное, изнуряющее, дразнящее блаженство предвкушения! Я не имел права пошевелиться. Стоило мне дернуться, вздыбиться, поддать снизу, чтобы войти в нее поглубже, как она карала за это:

— Нет, подожди! Все сначала! Расслабься, ты не должен тратить силы.

Да, она все делала сама. Но как! Она насаживала себя на моего Младшего Брата до конца, до упора, и дальше такими же медленными, но уже боковыми плавными движениями, как в индийском танце, она словно выдаивала меня вверх, или, точнее, словно губкой вытачивала меня, потом поворачивалась боком, и одна ее ягодица периодически касалась моего живота, а другая — ног, но только на мгновение, а потом ее задница взлетала вверх, выше головки моего воспаленного Брата, и опять медленно, истомляюще медленно наплывала на него короткими микронами погружения, эдакими крохотными ступеньками. Да, у нее были сильные ноги, только на сильных ногах можно делать такие приседания. Я лежал под ней, вытянувшись струной. Голое загорелое женское тело, тонкое в талии, сильное в бедрах, с закинутой назад головой, с черными волосами, опавшими на спину, с упругой грудью и торчащими от возбуждения сосками, со смеющимся ртом и озорно блестящими глазами — это первое в моей жизни женское тело, Божье творение, венец совершенства, по-индийски раскачивалось над моим Младшим Братом, завораживая его и меня. Где-то через улицу местные чеченцы заводили свою музыку, знойную зурну пустыни, и этот восточный мотив, который в других условиях я ненавижу, тут только помогал нам: я чувствовал, что весь мир — пустыня, что в эти минуты в мире — пустыня все, кроме этой постели, и нет для меня мира, кроме этого теплого Иркиного тела.

Мне было двадцать лет, и это была моя первая Женщина, и эта Женщина знала свое дело, знала, зачем Бог дал ей каждую часть, каждый миллиметр ее инструмента.

Нет, я уже не проклинал мироздание, как вы понимаете. Наоборот — я пожирал его прелесть, как дикарь...

— Ирка, я не могу больше, сейчас кончу!

— Ну подожди, подожди, не двигайся, сделаем паузу.

Она застывала на мне, давая улечься волне напирающей во мне спермы, а потом осторожно, медленно опять погружала меня в свое тело.

То был первый акт, который длился около получаса, а если точнее — то был пролог многократного утреннего спектакля, и в этом спектакле я был только исполнителем, а режиссером, дирижером, автором и примой была Ирка Полесникова, мой Верховный Учитель секса.

Потом мы завтракали в постели. Она не позволяла мне вставать, она так берегла мои пылкие мальчишеские силы, что даже сама после акта обтирала мой член влажным полотенцем и подавала мне завтрак в постель — легкий завтрак: орехи, сметану, зелень.

Она хлопотала вокруг моего царственного ложа практически голая — в расстегнутом и по моде тех лет коротком халатике, который ничего не прикрывал, и к концу завтрака мой Младший Брат проявлял новые признаки жизни. Но Ирка не спешила. Она отбрасывала одеяло, усаживалась у моих ног на кровати и любовалась, как пробуждается мой Младший Брат. Под ее взглядом он просто вскакивал, как солдат на побудке, наливался молодой упругой силой и подрагивал от нетерпения, а она, смеясь, целовала его пушок, щекотала и подлизывала языком, и только когда он уже как бы деревенел от налившейся крови, мы приступали к очередному акту.

Лежа и стоя. Верхом, по-собачьи, и боком, как бы верхом на верблюде. Крестом, на боку, снова на спине, а точнее — на лопатках, когда ее ноги обнимают меня за шею или разведены горизонтально по бокам и ягодицы распахнуты так, что она вся открывается сиренево-розовой штольней. Сидя — мои ноги сброшены с кровати, и она сидит на моих чреслах, наплывая на меня и откатываясь, а потом, обняв ее задницу, я поднимаюсь на ноги и стою, а она елозит по мне, обхватив мою талию ногами, и откидывается, откидывается телом назад, почти падая на спину...

Да, всему лучшему, что я знаю о сексе, я обязан Ирке.

Истомленные сексом, похудевшие, наверное, килограмма на два за утро, мы в полдень ехали на работу в редакцию. Мир возвращался в свое будничное русло, снова звенели трамваи, ругались пассажиры в троллейбусе, шумели очереди у продовольственных магазинов, а мы с Иркой, сидя в глубине троллейбуса, еще ласкали друг друга взглядами, касанием рук, бедер. И, помню, однажды, после семи или восьми утренних актов, когда уже даже Ирка не могла поднять моего Брата ни губами, ни грудью и мы помчались на работу, опаздывая, наверное, на час или больше, в троллейбусе он вдруг встал. Я взял ее руку, молча приложил к своим брюкам в паху, она взглянула мне в глаза, и мы, не говоря друг другу ни слова, на ближайшей же остановке выскочили из троллейбуса и помчались обратно, в ее постель. Да, мы пользовались любой возможностью трахнуть друг друга. Не только по утрам. Вечерами Ирка выискивала подруг, которых можно было услать куда-нибудь хоть на час-полтора из их квартир, и мы в чужих постелях снова набрасывались друг на друга с утренней силой. Рабочий день в редакции превращался в ожидание вечера и поиски вечернего приюта, ночь — в ожидание следующего утра. Проклятый жилищный кризис, начавшийся в СССР еще до моего рождения и не прекратившийся по сю пору! Из-за него мы каждый вечер искали хоть какую-нибудь временную, на час, на два, конуру для своих утех и объездили весь город и все его пригороды — чьи-то студенческие общежития, чьи-то квартиры, комнаты...

Как я справлялся с работой, не помню, но прекрасно помню, как однажды, когда мы, как я считал, испробовали и проиграли все известные мне приемы и положения и лежали, отдыхая, и мой ненасытный Младший Брат опять проснулся, подался вверх и набух до синевы, Ирка вдруг принесла бутылку с подсолнечным маслом, смазала им головку моего члена и на мой удивленный взгляд сказала:

— Мне будет очень больно, но ты это заслужил.

Я понял, о чем идет речь, я ведь еще в солдатской казарме слышал об этом. Ничего, кроме брезгливости, я не испытывал в тот момент, когда мысленно представил, что мой замечательный, мой единственный, мой холеный и зацелованный ею Младший Брат должен войти в задний проход, исток кала. Но Ирка уже легла навзничь, подобрала под себя коленки, и ее зад, ее загорелые сливоподобные ягодицы замерли в ожидании. Я, чтобы не ошибиться, пальцем нащупал между ними крохотное, меньше пупа, сжатое какими-то мускулами и мускулками отверстие и удивился: как мой, даже смазанный маслом Брат может войти сюда? Но я попробовал. Я лег на Иркину спину, обнял ее из-под низу за плечи и стал проталкивать Братца в эту крохотную, меньше пуговицы, дырочку. Казалось, ничего не выйдет — мой Братец гнулся, он не мог преодолеть эти сжатые мускулы. Но потом злость, молодая телячья злость и самолюбие напрягли его новой, звериной силой, он просто боднул ее со всей силы и — вдруг головка члена прорвалась в пучину высшего наслаждения. Ирка вскрикнула от боли, но меня уже ничто не могло остановить. Такого кайфа, такой истомы, такого наслаждения не может дать никто, кроме девственницы.

Но когда вы ломаете целку, вы имеете дело с целым набором побочных, отвлекающих комплексов, и очень часто это только работа, сексохирургическая операция, которая даст наслаждение лишь назавтра, а точнее, даже напослезавтра, потому что на следующий день у девочек там с непривычки так болит, что трахать их назавтра невозможно, так вот, когда вы ломаете целку — это все-таки не то. И потом — это проходит, через неделю целка превращается в нормальную женскую щель, и вся новизна, вся прелесть вхождения в плотно сжатую, обнимающую вас каждым мускулом плоть — это проходит, а вот задний проход — это да, дорогие товарищи! Мускулы заднего прохода не ослабевают, даже пятидесятилетнюю бабу можно трахать в задний проход, испытав при этом почти совершенное наслаждение. Да, лучше бы Ирка не показывала мне тогда этот метод. Потому что всех своих последующих баб рано или поздно, с помощью уговоров, угроз и даже насилия я разворачивал задницей к небу и, смазав Братца подсолнечным или сливочным маслом или просто своей собственной слюной, врывался им в задний проход уже без всякой, как вы понимаете, брезгливости, не обращая внимания на их крики, слезы, стенания и просьбы не делать этого.

Наш с Иркой роман закончился месяца через три, в начале зимы, когда она, не сказав мне ни слова, сделала аборт. Позже мой несдержанный спермообильный Младший Брат был причиной не одного аборта, и я уже понял, что это приходит постоянно — какое-то естественное, но, конечно, несправедливое, жестокое, неблагодарное внутреннее отвращение к женщине, которая сделала от тебя аборт; что тут поделать — может, так распорядился Создатель, чтобы после родов (естественных или насильственных) мужчина не прикасался какое-то время к женщине?..

Похоже, Ирка знала это и отнеслась к нашему разрыву спокойно.

Но где бы я ни был позже, с кем бы ни спал, кого бы ни обучал искусству секса, растлевая пятнадцатилетних девочек или сорокалетних и невежественных в сексе дам, я почти всегда говорил им, что всем хорошим, что я знаю о сексе, я обязан моей первой Верховной Учительнице Ирочке Полесниковой — да будет она счастлива с тем, с кем она спит сегодня.

Глава 4

ПЕРВЫЕ ПОБЕДЫ,
ИЛИ ПРИМЕНЕНИЕ МЕТОДА

С невинностью недавней лежа,
Еще не потерявшей стыд,
Не раз на холостом я ложе
Румянец чувствовал ланит —
Рукой медлительной рубашку
Не торопясь я поднимал,
Трепал атласистую ляжку
И шевелюру разбирал,
Колебля тихо покрывало,
Впивал я запах пиздяной,
Елда же между тем вставала,
Кивая важно головой.

Г. Державин

Едва став мужчиной, я стал по-иному смотреть на женщин. Каждое двуногое существо в юбке с хорошей фигуркой было теперь дичью, пахнувшей половой течкой, и нужно было только выбрать объект, достойный моего жадного полового инстинкта. Оперившийся птенец с еще неокрепшими ястребиными когтями, но с познавшим свою силу Младшим Братом, я взорлил над нашим городом, выискивая свою первую профессиональную добычу.

Конечно, мне хотелось чего-то необычного, экзотического, а точнее — мне хотелось трахнуть артистку. Какую-нибудь красивую артистку, чтобы реализовать двухлетние солдатские сны.

И как-то вечером, покружив по городским улицам, я заглянул в нашу городскую оперетту. Не помню, что там шло — какая-нибудь «Марица» или «Баядерка», помню только, что зал был пуст на три четверти, сцена бездарна и актеры безголосы, и я уже собирался тихо двинуться к выходу, когда по ходу оперетты наступил номер солистки балета. На сцену выпорхнула роскошная полуголая блондинка, не хрупкая, чуть полноватая для балерины, но — молодая, белокожая, с голым животиком. Наверное, она и танцевала-то не Бог весть как, хотя, помнится, зал проводил ее хорошими аплодисментами, да не в этом дело — вы же понимаете, что мои коготки уже распрямились, ноздри молодого охотника раздулись и живот подобрался, как перед прыжком. Моя бы воля, я бы взорлил прямо в этом зале и трахнул бы ее — полуголую, с крепкими кулачками грудей, — трахнул бы ее прямо во время ее танца, на сцене.

Но пришлось сдержаться, пришлось дождаться конца спектакля и дежурить под дверью служебного выхода и за пару рублей «расколоть» старуху билетершу и выяснить у нее, что моя будущая златокудрая жертва — Нина Стрельникова, разведена, не замужем, имеет двухлетнего сына и живет с родителями недалеко от центра: папа — какой-то военный, а мама — домохозяйка.

Боже, сколько у нас в России брошенок с детьми, молодых, прелестных, загнанных бытом, растящих детей от любимых и нелюбимых козлов, вроде меня, грешного!

Я не стал приставать к Нине у служебного подъезда оперетты, я понимал, что это будет вульгарно и пошло. Тем паче она вышла с подругой. Я просто пошел за ними следом, держась на расстоянии, дождался, когда на очередном углу Нина простилась с подругой и поспешила к троллейбусу. Тут наступила пора действовать. Я подошел к ней и сказал:

— Здравствуйте!

Она, конечно, молчала, сделала вид, что не хочет вступать в разговор с каким-то уличным приставалой, и даже ускорила шаг.

— Извините, — сказал я, — может, я обознался. Вы очень похожи на Нину Стрельникову. Или это ваша сестра?

Тут пришел ее черед удивляться. Она не была знаменитой актрисой и знала, что у нее нет такой славы, чтобы ее узнавали на улице. Она остановилась и спросила:

— Откуда вы меня знаете?

— Я не уверен... — играл я смущение. — Просто мне кажется, что мы с вами или, может, с вашей сестрой были в какой-то компании. Но если я ошибся — извините... — Я сделал ложное движение, будто собираюсь уйти, но именно это и заставило ее удержать меня.

— Постойте, у меня нет сестры, а Нина — это я...

Нужно ли говорить, что я поехал проводить ее до дома, но мы еще долго гуляли вокруг ее квартала.

Помню, мы присели в скверике, я взял ее руку и стал «гадать» по линиям мягкой доверчивой ладони. Пристально вглядываясь в эти линии (я в них, конечно, ничего не понимал), я медленно, с паузами говорил:

— Вы были замужем, мне кажется. Да, я вижу, вы были замужем, но недолго... Отец ваш не то милиционер, не то какой-то военный. Во всяком случае, он носит форму, это я тут вижу... А мама... нет, про маму тут ничего определенного, — она скорей всего жива, но не работает... Да! Вот еще! У вас есть ребенок, ему не больше трех лет. Только тут не видно — девочка или мальчик...

Поразить женщину! Это первый залог победы. Не важно, чем поразить, — талантом, силой, наглостью или даже пошлостью и цинизмом, но поразите ее при знакомстве — и она ваша. Нужно ли говорить, что на следующий же день я привел эту Нину в квартиру моего школьного приятеля?

О, это была замечательная схватка! «Молодой ястреб терзал свою первую сладкую жертву с вожделением и ненасытной жадностью» — так написали бы в каком-нибудь женском романе. Я же скажу проще: все, что я знал, все, чему обучила меня моя Верховная Учительница, весь арсенал приемов, положений и изысков я с юношеской неопытностью бросил в бой — не для того, чтобы поразить Нину, нет, а для того, чтобы перед этой все-таки уже опытной (была замужем) женщиной не уронить свой мужской престиж, не выглядеть неумелым и неопытным юнцом. Но очень скоро я понял, что балерина и мать ребенка не знает и половины того, что знаю я. Два-три положения — одно снизу и пара сверху — вот и все, чему научила ее супружеская жизнь. И тут я понял, каким владею оружием. При каждом новом положении Ниночка опасливо вскрикивала, но очень скоро ее тренированное балетное тело научилось без страха слушаться приказа моих рук, и всему, что делала когда-то Ирка, я теперь обучал Нину. Нужно сказать, что ей было далеко до Иркиной изысканности в сексе, но зато в ней было то, что всегда приносит удовольствие мужчине, — неопытность. Я, двадцатилетний учитель, поддерживал над своими чреслами ее бело-матовые ягодицы и говорил:

— Тихо! Не спеши! Медленно! Вот так! Еще медленней! А теперь вверх! Да. А теперь опускайся, но не спеша...

Мой умелый матерый Брат уже не дергался вверх, навстречу ее розово-байковой щели, он стоял твердокаменно и мощно, как Александрийский столп, как образцовый воин на боевом посту. А она, балетная солистка нашей оперетты, сидя на нем, исполняла танец живота. Да, танец живота, и танец баядерки, и еще какие-то танцы из оперетт она исполняла надо мной под музыку грампластинок, насаживаясь на Брата, вертясь на нем и взлетая над ним и снова погружая его в мягкую теплынь, в розовую нежность. Я уже в это время хищными руками мял ее белую торчащую грудь или совал свои пальцы ей в рот, заставляя сосать их, облизывать, приучая ее тем самым к будущему минету.

Потом, затихшая, изумленная, обалдевшая от того «растления», которому она, провинциальная тихая девочка, вдруг поддалась, она лежала, спрятав от меня в подушку лицо, не желая разговаривать со мной, стыдясь своего беспутства. А я, насмешливый и голый, покуривал в постели и ждал очередного прилива сил, и гладил ее по слабо отталкивающим мою руку бедрам. Ее белое, кремовато-белое тело, ее льняные волосы, которыми во время наших антрактов я часто оборачивал своего Брата, ее зеленые, просящие снисхождения глаза возбуждали меня чрезвычайно, и после десяти-пятнадцатиминутной паузы я набрасывался на нее снова, вернее — вновь набрасывал ее на себя. Да, Ирка научила меня беречь силы, моя учительница, моя Верховная Учительница навек внушила мне, что высшее мужское удовольствие — отнюдь не кончить, а видеть, как тает над тобой (или под тобой) женщина, как дрожит в экстазе ее тело, как стонет и кричит она в момент оргазма — до слез, до судорог — и как потом медленно опадают ее плечи и клонится куда-то пустое, истомленное, благодарное и покорное тело. В этом победа! Не в том, чтобы трахнуть, ввести свой член в женское тело и кончить, это еще не победа, это так, полукайф, но вот увидеть, почувствовать членом и телом, что все ее тело сдалось и пало, опустошенное, и гладить его, вздрагивающее, и — не спешить, а, не вынимая, дать ей чуть отлежаться и возбудить снова, и вновь довести до экстаза, до стона, до крика и опустошения, и так по нескольку раз кряду, — о, мы с Нинкой очень скоро достигли в этом большого прогресса. Она оказалась, как говорится, «мой размер». Среднего балетного роста, но не худая, а как раз то, что надо для рук, которые любят мять женскую плоть, гибкая, с хорошими сильными ногами и упругой задницей, с которой она на ежедневных тренировках и балетных занятиях сгоняла лишний вес, — моя первая балерина Нина Стрельникова быстро вошла во вкус верховой езды на моем пенисе и вытворяла на нем черт-те что, уже забавляясь своим мастерством и искусством. Конечно, я научил ее минету и — спустя какое-то время — пробился ей в задний проход, и теперь мы уже с ней на пару занимались поисками новых изысков.

Помню, однажды я ждал ее после очередного спектакля «Бахчисарайский фонтан», она танцевала там танец негритянки, и я впервые увидел — вышла на сцену вся выкрашенная какой-то черной краской неузнаваемая негритяночка темношоколадного цвета с зелеными глазами. О, что было с моим Младшим Братом! Он вздыбился, он вскочил, он напрягся, вытянувшись из шестнадцатого ряда чуть ли не прямо на сцену. Я бросился за кулисы. Я перехватил ее, когда она, еще в отплесках аплодисментов, бежала в гримуборную, чтобы каким-то маслом снять с себя черную краску и выскочить ко мне на улицу. Я остановил ее:

— Стоп! Поехали прямо так!

— Как так? Я же вся в краске, черная?! — изумилась она.

— Вот именно! Сегодня ты будешь черная, негритянка!

— Но мы измажем все простыни!

— Черт с ними! Я хочу тебя негритянкой!

И еще много раз после «Бахчисарайского фонтана» я забирал ее неразгримированной, и — с «негритянкой»! — на такси, в самом центре России, под изумленными взглядами обалдевших прохожих, мы мчались на квартиру моего приятеля и пачкали его простыни черной ваксой, каким-то темно-шоколадным гримом. Но зато — черная женщина с зелеными глазами, негритянка со льняными волосами прижималась к моим чреслам с новизной первого обладания...

Да, вот что такое влияние театра! Теперь вы понимаете, почему я стал театральным администратором, а потом — администратором телевидения...

Сейчас уже трудно восстановить хронологическую последовательность побед юного сексуального бандита, да и ни к чему — кому это интересно? Но вот уверенность в совершенстве усвоенного от Верховной Учительницы метода и результаты применения этого метода — волшебные, удивительные результаты — это, пожалуй, заслуживает внимания. Итак, следующая глава.

Глава 5

КАК Я ИЗЛЕЧИВАЮ ЖЕНСКУЮ ИМПОТЕНТНОСТЬ

..., ...! опять взываю,
Опять желаньем изнываю,
О ней я не могу писать,
Бурлят во мне и бродят страсти,
Но для себя их за напасти
Не буду никогда считать,
Не смолкнет петь моя их лира...
Я знаю: при кончине мира
... наш идол и кумир
Последняя оставит мир.

Г. Державин

Трудно поверить, что огромное количество красивейших женщин, имеющих уверенный и постоянный успех у мужчин, часто замужних, так и не познали удовольствие оргазма...

Эта фраза сама просится в лекцию какого-нибудь занудливого очкастого сексолога или психотерапевта. Я уверен, что во время такой лекции этот очкарик будет говорить о раскрепощении духа, умственной настройке на предмет удовольствия, утренней гимнастике и теплых ваннах, а на приеме в своем кабинете будет пальцем «разрабатывать» во влагалище у пациентки какие-нибудь «заторможенные эрогенные точки». В лучшем случае это кончится тем, что, выкачав из пациентки немалые деньги, он уже навсегда приучит ее к пальцу и, говоря высокопарно, навек лишит божественного удовольствия пользоваться нормальным мужским членом.

Женщин, прошедших такой курс лечения, прошу ко мне не обращаться! Не терплю перелечивать. Но вот лечить — пожалуйста. Никакой утренней гимнастики, никакой психотерапии и прочей нудистики, включая пальцетерапию. Лечу только пенисом — собственным, трудолюбивым и многострадальным. Лечу по методу своей Верховной Учительницы и, как любой врач, признаю только свой метод и горжусь особо трудными, клиническими случаями.

Вот типичный случай из практики моего Бюро Половой Помощи, как я сам себя называю.

«Пациентка» Петрова, 30 лет, английская переводчица из Внешторга, стройная, красивая брюнетка, похожая на американскую актрису Кэтрин Хепберн. Мы познакомились на какой-то загородной новогодней вечеринке, где она была Снегурочкой и королевой вечера, где все мужики наперебой лезли с ней танцевать, пили шампанское из ее туфель и на руках носили ее вокруг новогодней елки. Трахнул ли ее кто-нибудь из них в ту новогоднюю ночь — не знаю, я не лез к ней, я был с какой-то своей очередной девочкой, которая меня вполне устраивала на эту ночь. Потом мы всей компанией катались на лыжах в хвойном подмосковном лесу, потом гуляли в пригородном ресторане и, как всегда бывает, шумно разъехались по домам, пообещав друг другу, что и следующий Новый год будем встречать вместе.

Прошел и год, и два, и три — мы с ней не встречались. И вдруг лицом к лицу столкнулись на улице Горького. Привет — привет, как жизнь, как дела — обычный дежурный треп при случайной встрече, обмен телефонами, и — разошлись. А через неделю, как-то поздно вечером, после одиннадцати, когда нормальные люди уже и не звонят друг другу, я случайно нашел в кармане бумажку с ее телефоном и — набрал номер. Сонный недовольный голос сказал: «Алло».

— Ты уже спишь, дорогая? — спросил я нежно, балуясь.

— Кто это?

— Ну кто это может быть? Ты уже в постели? Я сейчас приеду. Ты уже приняла ванну?

— Андрей, это вы? Что за шутки?

— Алла! Такая роскошная женщина, как ты, не имеет права пропадать в своей постели в одиночестве. Я не могу этого допустить. Моя мужская совесть не позволяет. Я уже отсюда вижу тебя всю под одеялом — это потрясающе, меня уже в жар бросает. Я беру такси и еду к тебе!

— Андрей, вы пьяны, я сейчас повешу трубку.

— Это будет роковой отбой. Я не доживу до утра. Жди меня, я буду у тебя через восемь минут, целую.

Конечно, я никуда не поехал, у меня и адреса-то ее не было, но дня через три-четыре я позвонил ей опять и повел ту же игру, только еще активней.

— Все! Все! Не могу больше! — кричал я в трубку. — Где ты была? Где ты пропадала все эти дни?!

Я ломился к тебе в дверь! Я не спал ночами! Я умираю от желания! Срочно — прими душ и в постель, я буду у тебя через две минуты, мне будет некогда ждать, пока ты разденешься!..

— Андрей, у меня гости!.. — прервала она.

— Никаких гостей! Всех — вон! И сама — в постель, немедленно! Я уже выезжаю!

Так продолжалось с месяц. Я звонил ей примерно раз в пять-шесть дней и кричал в трубку: «Ой, как я тебя хочу! Ой, как я тебя хочу!» И она уже приняла эту игру, и отвечала мне, смеясь, грудным, действительно возбуждающим меня голосом:

— Андрей, никогда не думала, что ты такой безумный.

— Я безумный! — подхватывал я. — Ты даже не знаешь, какой я безумный, особенно с брюнетками, похожими на Кэтрин Хепберн...

После этого разговора я спокойно трахал какую-нибудь очередную теледевочку, но я уже точно знал, что там, по ту сторону провода, Аллочка Петрова засыпает на полчаса позже обычного, распаляя свое фарфоровое личико и тело ожиданием моих «безумств».

Примерно через месяц этой телефонной ахинеи я как-то совершенно иным, деловым тоном сказал ей, что мы на телестудии получили из Лондона предложение о совместной постановке многосерийного фильма об экспедиции Нобеля на Северный полюс и мне нужна ее помощь — перевести пару страниц.

— Андрей, но никаких безумств! — сказала она, диктуя свой адрес.

— О чем ты говоришь?! И даже не смей принимать ванну! Вообще я импотент. Во всяком случае — на сегодня.

Я приехал с английской рукописью, букетиком цветов и бутылкой армянского коньяка.

В однокомнатной, уютной, со стеллажами английских книг квартире меня встретила женщина в японском халатике, точеные ноги, фарфоровое личико, влажные бархатные глаза Кэтрин Хепберн. Первая неловкость была снята деловым переводом с английского, но уже через пару минут я положил ей руку на плечо, и она замерла, прервавшись, и взглянула на меня своими глубокими темными глазами. Мы ринулись в постель.

И тут, при первых же синхронных движениях наших тел, я понял, что имею дело не с подлинной страстью и трепетом, а с их имитацией. Есть женщины, которые до того насобачились имитировать темперамент, что вы не скоро отличите, отдается она вам от души или только изображает страсть.

Но Аллочка Петрова не умела играть. Ее роскошное тело, ее бедра, грудь, живот, ноги — все было гуттаперчево-податливым и гуттаперчево-бездушным.

Может быть, для всех ее предыдущих мужиков это не имело значения, или они и не чувствовали этого, но я, обученный Верховной Учительницей следить за каждой волной чувственности своей партнерши, я, привыкший получать удовольствие от запаха и трепета возбуждения обладаемой мной женщины, — я остановил процесс:

— В чем дело? Ты меня не хочешь?

Она отвернулась, заплакала. И, плача, призналась, что практически ничего не чувствует. Ни удовольствия, ни наслаждения оргазмом — за всю свою женскую жизнь не испытала оргазма ни разу! Много раз ходила к врачам и сейчас ходит, пьет какие-то таблетки и посещает по их рекомендации бассейн каждый день (и действительно тело у нее было будто точенное водой), но толку никакого нет.

Мне стало жалко ее. Она мне нравилась, мы уже месяц разговаривали по телефону, и это нас сдружило, и я решил ей помочь. Нужно сказать, то была длительная и непростая работа. Целый месяц я приезжал к ней по два-три раза в неделю, оставался ночевать, и то были многотрудные для моего Младшего Брата ночи. Первым делом я должен был заставить ее полюбить его. Любой пациент на хирургическом столе мысленно сконцентрирован на скальпеле, которым возится в его теле хирург, и если этот хирург бездарен, если это и не хирург вовсе, а так — грубый, неумелый мясник, то вы будете бояться скальпеля всю вашу жизнь. Все мужчины, которые были у Петровой до меня, задвигавшие в нее свой член и ворочавшие в теле этим предметом как механическим поршнем, были не мужчинами в полном объеме этого слова. Они вса-живались в ее тело, они харили ее, шворили, драи-ли, и она терпела боль и тупое трение в покорном ожидании, что, может быть, хотя бы в конце операции произойдет Нечто. Но Нечто не происходит таким образом. И в результате мышцы ее влагалища стали просто гуттаперчево-бездушными, как бы предохраняющими себя от боли, и смазка не выделялась даже при длительном акте, и они трахали ее всухую, что приносило ей только дополнительную боль.

Роскошная женщина с прекрасным телом, упругой грудью, длинными ногами, маленькими ягодицами, тонкой шеей и глубокими карими глазами стала просто гуттаперчевой куклой, в которую можно было кончить без всякой опаски, — и только.

Я повторяю — с ней были немужчины. Вообще Настоящий Мужчина — это, похоже, редкое явление, как и Настоящая Женщина. Говорят, у древних евреев было двенадцать Колен Израилевых, двенадцать родов, но только одному из них — левитам — было разрешено служить священниками. Я думаю, что на двенадцать мужчин в лучшем случае приходится один, который умеет и достоин священнодействовать своим членом, посвящая девочек в Женщины. Потому что половой акт — особенно с новообращенными — это не просто акт, а, конечно, священнодействие, это передача из поколения в поколение открытия наслаждения сексом, сделанного Адамом и Евой. Я приступил к делу.

То, что она плакала, было хорошим признаком, это означало, что она еще хоть что-то чувствует, хотя бы стыд, а не общую тотальную ненависть к мужчинам.

Я успокоил ее, как сестру. Я прижал ее к себе, тихо гладил по волосам и плечам и говорил ласково, как ребенку:

— Ничего, девочка, ничего, это не страшно. Просто ты имела дело не с теми мужчинами. И твой первый мужчина был не мужчина, он обманул тебя. У него был член, как у мужчины, и руки, как у мужчины, и ноги, как у мужчины, но это был механический мужик, робот. Представь себе, что все, с кем ты спала, были просто манекены. Манекены — и только. А мужчин еще не было, у тебя еще вообще не было мужчин, и сегодня тебе опять пятнадцать лет. Ты маленькая девочка, ты ничего не знаешь, тебе просто хочется чего-то, но ты еще даже не знаешь чего. Дай я тебя поцелую. Нет, не так, не спеши. Только прикоснемся губами. Только губы...

Я целовал ее, и она целовала меня, но даже в ее поцелуях еще не было чувственности. Но я был упрям. Я отстранял ее от себя, мы просто лежали в постели, как дети, и я рассказывал ей какие-то истории, невинные, как детские сказки, скажем, рассказы Аверченко, стихи Есенина или даже просто читал ей вслух Валентина Распутина, Зощенко, Бабеля. Это отвлекало ее. Лежа голые в постели, мы чувствовали себя не самцом и самкой, а детьми, и потом, когда волна благодарности — не чувственности, а только благодарности — поднималась в ней, я позволял ей себя целовать. Она и целоваться-то не умела! Она тыкалась губами мне в губы, потому что хотела хоть как-то выразить мне свою признательность, но и я не торопил ее, я ждал, когда хоть искра чувственности начнет управлять ее губами. Ведь ни в какой женщине нельзя убить женщину до конца!

Я ждал. Она, как кутенок, тыкалась в меня, а я лежал на спине и нежно, в одно касание, гладил ее по спине, и чувствовал грудью ее грудь, и позволял ей целовать меня так, как она умела. И что-то просыпалось в ней — после моих губ она переходила к плечам, к моей груди, к животу, к паху. Она словно приучалась к моему телу, привыкала к нему, приживалась. Я в любую минуту мог опрокинуть ее и трахнуть, но я не делал этого. Я даже не лез руками к груди, не мял ее и не возбуждал лаской, не трогал живота и, уж конечно, не лез к ее Младшей Сестре. Я называл ее «девочкой» и позволял этому тридцатилетнему ребенку открывать мое тело, как новую интересную книгу.

Помню, она долго ласкала моего Братца задумчиво-томительными пальцами, быстро проводила по нему осторожными ногтями, а потом гладила щекой и целовала, но больше я не разрешал ей делать ничего, чтобы ее просыпающаяся чувственность не ушла по другому руслу.

Можете представить состояние тридцатилетнего мужика, который лежит в постели с роскошной бабой, она ласкает, нежит, целует и возбуждает его, но, даже когда эта женщина открывает свои вишневые губки и приближает их к головке Младшего Брата, он говорит: «Только поцелуй. Только поцелуй, но не соси». Боже мой, как хотелось мне в ту минуту войти в ее влажный, теплый рот, но я терпел. Я ждал. Я видел, что она настраивает себя на секс так же механически, как делала это с другими, но мне нужно было сломать этот отработанный ритуал притворства, и я ломал его темпом. Я уверен, что все ее предыдущие мужики после первого пробега ее губ по их телу немедленно совали в нее свой пенис и тут же обрывали ту тонкую нить чувственности, которая, может быть, уже пробуждалась в ней.

Я растянул этот процесс. Я не только позволял ей по часу целовать меня, но и сам затем целовал ее грудь, спину, плечи, живот в поисках наиболее чувствительного у женщины места. Но все — грудь, живот, плечи, задница, лобок, клитор, шея, уши — все в ней было практически бесчувственно, заезжено или затерто другими. И лишь когда я случайно поцеловал ее в сгибе локтя, она замерла.

Знаете, так бывает, когда утром в суровую зиму выходишь к машине, поворачиваешь ключ и слышишь, как аккумулятор всухую крутит промерзший двигатель, — нет искры. Пробуешь еще и еще раз — глухо, не хватает зажигания. Уже теряешь терпение, уже сажаешь аккумулятор, а потом тупо сидишь и ждешь, когда он отдохнет, и пробуешь снова, и понимаешь, что, похоже, придется идти пешком, и вдруг почти случайно — трах-тах-тах! — промелькнула искра, еще не схватило зажигание, но уже промелькнула искра...

Так было и с Аллой Петровой. Ни разговорами, ни ласковым кружением рук по ее груди, бедрам, животу, спине, шее я не мог разжечь искру, но, когда я случайно поцеловал ее в сгиб локтя, она вдруг замерла. Я осторожно поцеловал еще и ощутил: есть искра! Будто луч света мелькнул в глубине туннеля, еще неясная, но обнадеживающая свеча.

Я не буду рассказывать вам каждый день или, точнее, каждую ночь в том томительно-длинном месяце излечения. Я скажу только, что через пару дней, уяснив, что ее можно возбудить неподдельно, я стал примерять метод моей Верховной Учительницы. Потратив, может быть, час на осторожные, небурные, замедленно-томительные общие ласки, я вдруг целовал ее в сгиб локтя, а потом переходил на грудь, и снова сгиб локтя, снова к груди или животу, пытаясь передать искру всему телу. И когда мне казалось, что — есть зажигание! — схватило что-то, я поднимал ее, как ребенка, на себя, усаживал на корточки над моим Младшим Братом, и мы превращались в балующихся детей — ее Младшая Сестра только касалась моего Братца своими губками, ниже я не позволял ей опускаться, ну разве что на какой-нибудь микрон, никак не больше. При этом я снова целовал ее в сгиб локтя и, держа ее руками за бедра или ягодицы, опускал ее сиренево-жаркую расщелину на вздыбленную голову моего Братца. Так она целовала его подолгу, и вот это касание — мягкое, быстрое касание — должно было расслабить гуттаперчево-резиновые мышцы, избавить их от привычной судороги самозащиты.

Нежность! Вот еще одно простое оружие, которым можно разбудить даже каменную бабу.

Когда она уставала сидеть надо мной и, возбуждаясь, припадала ко мне всем телом, я перекладывал ее на спину и ложился на нее, но не наваливался, а, поддерживая себя на выпрямленных руках, продолжал эту операцию — ее ноги были распахнуты вокруг моих бедер буквой «У», а мой Младший Брат все играл с ее Младшей Сестрой, испытывая ее на томление.

Нужно сказать, что другая, нормальная, баба не выдержала бы и трети того срока подготовки, который я тратил на Аллу. Даже моя Верховная Учительница уже давно насела бы на меня, и мы, уже не владея собой, понеслись бы вскачь с неконтролируемым остервенением. Но с Аллой этого не происходило. Она не заводилась очень долго, недели две. Некоторое возбуждение, которое она испытывала периодически, было краткосрочным и недостаточным для того, чтобы включился весь организм.

Но я не сдавался. Конечно, когда я сам уже изнывал, когда я чувствовал, что выхожу на финишную прямую, я сажал Аллу к себе на колени и сидя, медленными ступеньками вводил своего Брата, посиневшего от нетерпения, в ее тело, поощряя ее смотреть, как это происходит. Она поначалу стеснялась, но я говорил:

— Да ты посмотри! Это же красиво! Это же Бог сотворил! Смотри, как красиво он устроен, какая церковная головка, а у тебя здесь такие мягкие губки — специально, чтобы обнимать его и пропустить в себя. Запомни, тебе сейчас пятнадцать лет, ты еще девочка, и это — первый раз, все в первый раз, потому что такого ласкового, такого доброго друга, как мой Младший Брат, у тебя еще не было. Сейчас я войду, очень медленно, очень медленно и ласково, ну, расслабь свои губки, расслабь, не бойся...

Она смеялась и плакала, и я входил в нее, даю вам слово, уже не так, как все ее предыдущие мужчины. Я медленно шевелил ее бедра на моих чреслах, мой Братец совершал в ее недрах тихие колебательные движения, добираясь в конце концов до стенки матки, но тут же и уходил обратно — так же не спеша, даже еще медленней, любая баба в этот момент обмирает от истомы, поверьте.

Через две недели таких упражнений у Аллы стала появляться смазка, и тут надо было резко изменить «курс лечения», чтобы вместе со смазкой она не привыкла кончать медленно, врастяжку, а чтобы добиться бурного, как вспышка, оргазма.

Как говорят по радио при утренней физзарядке, я перешел «к новым процедурам». Распалить ее, зажечь ее чувственность было уже несложно, она стала, я бы сказал, с любовью заниматься этим делом, и при каждом моем новом появлении меня ждала ухоженная, чистая женщина с сияющими глазами Кэтрин Хепберн, легкий ужин с вином и постель с чистыми, свежими простынями. Я тоже приезжал с цветами, в свежей рубашке, гладко выбритый и отдохнувший после работы, — все в этом спектакле возрождения женщины было крайне важно, все до деталей.

После ужина я поднимал ее на руки и нес в постель, и мы не спеша раздевали друг друга. Я целовал ее шею, плечи, живот, грудь и затем — в сгиб локтей, и при этом одна моя рука ныряла к ее лобку и легко, нежно гладила там пушок. Теперь она зажигалась быстро — когда я пальцем касался ее Младшей Сестры, я уже чувствовал не сухие, а влажные, смазанные и приотворенные в ожидании губки.

И тогда я входил в нее, и вскидывал ее на себя, и, вытянувшись под ней на спине, уже не стесняясь, в такт наших движений терзал ее грудь, мял ее, выгибал ей шею и руководил ее телом — быстро вверх и медленно, очень медленно, ступеньками вниз, вошла и вышла, вошла и вышла, а теперь можно чуть ниже, и снова вверх, не спеша, не надо сразу до конца...

Она распалялась, я видел это. Ее вишневые глаза закрывались, губы приоткрывались, обнажая влажные белые зубы, ее волосы падали за плечи с откинутой назад головы. Но как только в ее движениях надо мной намечался какой-то механический, однообразный ритм, я менял его, я тут же поворачивал ее на себе боком или спиной, я приподнимался сам, мы ложились крестом или на бок — я постоянно добивался новизны в ее ощущениях, я приучал ее к творчеству в сексе, не к механическому втиранию друг в друга, а к творческому выдумыванию нюансов акта.

Еще через две недели был ее первый оргазм. Боже, что с ней творилось! В минуту оргазма она застонала, замерев надо мной и выпрямившись спиной так, будто ее пронзает удар молнии в 100 тысяч ватт. Боясь дохнуть приоткрытым ртом, боясь шевельнуться (но я при этом осторожно шевелил Братом, чтобы колебать внутри ее эрогенную точку), она стонала, хрипло, прерывисто, а затем низкое, прерывистое «О, мама-а...» пошло через ее горло, а потом она опала на мне медленно-изломанным телом, и соленые слезы упали мне на лицо и плечи, и она стала целовать меня всего — истово, как верующая паломница. Она целовала мне лицо, шею, грудь, живот и — с особой истовостью — моего Младшего Брата — его пух и головку, его ствол и корень. Тут я позволил ей сделать мне минет.

О, этот минет благодарности! Когда ублаженная женщина, только что пережив новизну оргазма, еще вся ваша, и все ее тело благодарит вас каждой клеткой, и ее рот полон любви к ее благодетелю! Вы можете делать что угодно, вы можете войти в горло так, что ей и дышать уже нечем, — она будет терпеть, и потом — в зависимости от вашего желания — вы можете кончить в небо, под язык, в глубину рта или даже в самое горло, и она вытерпит, со слезами благодарности вытерпит, и проглотит вашу сперму, и еще оближет вас разгоряченными и солеными от слез губами.

С глубоким чувством собственного достоинства, с ощущением выполненной миссии мой Братец спокойно и гордо позволял Аллочке делать этот первый минет благодарности и даже не шевелился при этом. Так цари принимают свою падающую ниц паству. И даже кончил он тогда царственно — не спеша источил из себя сперму, чтобы Алла не захлебнулась.

Через два месяца мы с ней расстались, она вышла замуж за какого-то шведского дипломата и укатила в Швецию, и теперь я по праздникам и на Новый год получаю оттуда лирические открытки самого дружеского содержания.

Глава 6

ВТРОЕМ, ВЧЕТВЕРОМ, ВПЯТЕРОМ И ТАК ДАЛЕЕ

Перейдем к разврату.

Как двое мужчин могут иметь одну бабу, это легко представить. Но как одним прибором трахать двоих сразу, этого я не мог себе представить даже тогда, когда две мои приятельницы, которых я трахал по очереди — день одну, день другую, приехали ко мне вместе. Одна из них — жгучая брюнетка двадцати шести лет, с большой грудью, назовем ее Наташей, вторая — двадцатилетняя блондинка, коротко стриженная, с маленькой грудью и пухлыми, будто рожденными для минета губами — Света.

Они были подружки и знали, что я сплю с ними по очереди. А теперь они приехали ко мне на пару, с тортом и какими-то фруктами, а коньяк был мой. Мы пили чай и коньяк, болтали о том о сем, а потом я прилег на единственную в комнате кровать, которую они обе хорошо знали. Я прилег на кровать поверх покрывала и предоставил Свете и Наташе полную свободу действий. Мне было интересно, как они разберутся между собой — кто из них уедет, а кто останется со мной в эту ночь.

Но они и не думали делить меня или эту ночь. Они обе улеглись рядом со мной, одна слева, у стенки, другая справа: улеглись, как и я, одетыми, и мы продолжали нашу беседу лежа. При этом я сначала обнимал их обеих, а потом в полусумраке вечерней комнаты обе мои руки нырнули им за пазухи, и, должен вам сказать, это особое удовольствие — держать груди двух женщин, а разговаривать о чем-то постороннем, словно я и не шарю пальцами по их оттопыренным соскам.

Но очень скоро они не выдержали притворства и стали по очереди целовать меня. Тоже недурная вещь — не успеешь расстаться с пухлыми Светкиными губами, как уже над тобой губы волоокой брюнетки Наташи. Конечно, Младший Брат мой вздыбился, раздирая ширинку, тем паче что Света уже шарила рукой по моим брюкам в поисках пуговиц, а потом ее рука нырнула мне под трусы, и ее прохладная ладонь обняла ствол моего разгоряченного Братца. Спустя мгновение там же оказалась и Наташкина рука, и теперь они нянчили его двумя ладонями.

Я лежал, как кот, зажмурившийся от удовольствия. Но это было только прелюдией. Убедившись, что мой безотказный Брат готов к боевым действиям, они стали в четыре руки раздевать меня, и тут я почувствовал себя эдаким Цезарем, которого две наложницы готовят к наслаждениям. Они раздели меня догола, и разделись сами, и снова легли рядом со мной, по обе стороны, укрыв и себя, и меня одним одеялом. Тут обе мои руки уже расстались с их грудями и нырнули к их Младшим Сестрам. А их четыре руки были в моем паху, но для четырех рук там не так уж много места, не могу сказать, что мой Брат таких уж невероятных размеров, что его можно держать четырьмя ладонями. Двумя — да, можно, но четырьмя — извините... Итак, двумя руками они держались за моего Братца, а свободными руками гладили мне прочие места и еще целовали меня по очереди.

Очень скоро мы так распалились, что я уже был готов трахнуть сразу двоих, и теперь мне казалось, что мой Брат вырос до таких размеров, что пройдет насквозь Светкино тело и еще Наташке достанется. Но тут они нырнули головами под одеяло, сделали кульбит в постели, и теперь их ноги оказались у моих плеч, а головы — у моих бедер, и они принялись двумя языками вылизывать моего Младшего Брата. Ну, такого минета я еще не имел! Боже, что они делали! Они обнимали его губами с двух сторон, при этом их языки работали неустанно, шевелясь, как горячие водоросли, а потом они менялись — одна обсасывала головку, вторая подлизывала языком снизу, — ну, это была сказка!

Я же двумя руками распахнул их нижние губы, и уже не только указательными пальцами, но и тремя пальцами каждой руки втиснулся в горячие щели их Младших Сестер, и углубился туда до упора, чувствуя, как трепещут от похоти их женские внутренности.

Светка, чудная минетчица, приняла в свой рот первый выброс моей спермы и тут же передала Брата в Наташкины губы, и та старательно и влажно досасывала остатки.

Я умер. Я лежал в постели, обмерев от первого акта, и руки стали ватными, и пальцы уже не шевелились.

Они встали, Светка пошла в ванную за полотенцем, Наташа налила мне коньяк.

Не пошевелившись, я милостиво разрешил им вытереть мне живот, и, трогательно поддерживая меня за голову, они дали мне отпить коньяка из рюмки.

А затем, так же бережно, как монарха, они повернули меня на бок, выбрали из-под меня одеяло и постельное белье, постелили на полу, чтобы у нас было больше площади для очередного раунда, и вдвоем на руках понесли меня в ту постель.

Арена новой схватки была готова, но я еще лежал на ней, как поверженный и обессилевший гладиатор. Светка повернула меня на живот, уселась мне на спину и стала делать мне массаж спины, а Наташка развела мне ноги в стороны и своим сухим, жестковатым от курева языком стала вылизывать мне задний проход. Через пять минут я почувствовал, что мой опавший Братец уже упирается в пол и отталкивает от него мое тело. Наташка тоже заметила это, и они повернули меня на спину, и Наташка, развернувшись ко мне спиной, первая оседлала моего Братца. А Светка устроилась так, чтобы мои пальцы проникли в ее Младшую Сестру и в еще одно отверстие по соседству...

У меня оставалась одна свободная рука, и этой рукой я поочередно терзал четыре груди — Наташка и Светка сидели лицом друг к другу, и я одной ладонью старался захватить два соска — на большой, чуть отвисающей Наташкиной груди и на маленькой, упругой Светкиной. При этом особым кайфом было подтянуть Наташкину грудь к Светкиной и мять их вместе, сосок к соску.

На этот раз наша схватка продолжалась долго еще и потому, что, вынужденный работать пальцами правой руки и ладонью левой, я был отвлечен от эпицентра своего сексуального напряжения. Наташа и Светка меня, что говорится, имели и в хвост и в гриву, но, право, это было отнюдь не плохо, гордость моя не страдала, поверьте. И я уже давно заметил, что если не хочешь кончить, если хочешь удержать своего Младшего Брата, есть только один способ — отвлечься мыслями, думать о чем-то ином. Например, сочинять письма близким, обдумывать завтрашние дела и так далее. Лежишь себе на спине, баба, даже самая роскошная, елозит по тебе и скачет, а ты себе куришь, пьешь коньяк и думаешь о чем-то постороннем. Один мой знакомый драматург говорил мне, что он в таком положении сочиняет лучшие сцены своих пьес. Я пьесы не сочиняю, но однажды, во время излечения от фригидности очередной своей «пациентки», пока она, сидя ко мне спиной, насаживала себя по моему методу короткими ступеньками на моего Младшего Брата, я в это время взял с тумбочки недочитанный роман и так увлекся им, что и не заметил, как она повернулась ко мне лицом и в изумлении остановила свою работу. Тем не менее от фригидности я ее излечил — право, себе же на голову, потому что потом, когда она научилась кончать, мне уже было не до чтения. При первых подступах оргазма она начинала кричать — но как! — в полный голос! Благо, это была огромная министерская квартира в министерском доме на Советской площади («девушка» была дочкой одного из наших министров), и стены в этом доме были, видимо, фантастической толщины, иначе непонятно, как нас не слышали соседи и дежуривший в подъезде милиционер. Когда наступал оргазм, ее крик был уже не криком, а воплем — я все время боялся, что вот-вот в квартиру ворвется милиция спасать ее, и затыкал ей рот руками, но и сквозь мои пальцы она орала до тех пор, пока не кончала полностью и не падала на меня своим довольно-таки грузным телом. Наутро, в лифте, когда опальный Аджубей или бывший министр морского флота Бакаев выводили на прогулку своих собак, мне казалось, что они глядят на меня подозрительно, будто слышали всю ночь эти вопли, да помалкивают из трусости перед папашей моей «пациентки».

Но вернемся к разврату. Оседланный двумя наездницами, я плелся медленной иноходью, переключая свое внимание с Наташки на Светку и обратно. Они тем временем экспериментировали то так, то эдак, но очень скоро я понял, что, сидя рядом, они мешают друг другу.

Мы встали. Мой Брат еще был в хорошей форме, я чувствовал, что меня еще хватит надолго. Я подвел их обеих к стене, поставил рядом на расстоянии шага от стены и велел наклониться к полу, упереться в пол руками. Теперь две розовые щели, обрамленные курчавым пухом и белыми округлостями ягодиц, смотрели на меня, и мой Братец входил в них строго по очереди — медленный заход в одну, выход, заход в другую... Девочек это очень возбуждало, и Светка не выдержала первой, отскочила от стены, села позади меня на пол и, вывернув голову, стала подлизывать моего Братца, когда он выходил из Наташкиной щели. Таким образом, прямо из горячей Наташкиной щели мой Брат оказывался во рту у Светки, она обводила его быстрым влажным языком, успевала заглотить, но я уже вынимал у нее изо рта и тут же вводил в Наташку.

Пожалуй, это было лучшее, что они тогда для меня придумали. Наташка устала стоять, согнувшись в три погибели, они поменялись местами, но, скажу честно, это длилось недолго — от такого кайфа я скоро кончил.

Мы стали пить чай. То есть не так. Я снова лежал, как Цезарь, а они отпаивали меня чаем, и я выяснил у них, по скольку раз они кончили за это время, — Наташка три раза, а Светка два.

— Это непорядок, — сказал я. — Я не люблю неравенства. В следующий раз каждая должна честно сообщать, когда она кончает, и отвалить, чтобы я мог сосредоточиться на другой.

— Слушаюсь, — сказали мои наложницы, и, передохнув и побалагурив, Светка, юная и нетерпеливая, снова нырнула головой к моим чреслам, и ее пухлые губки и нежный извивающийся язык стали вибрировать и возбуждать моего Братца.

Стоит ли продолжать? Секс вчетвером отличается от секса втроем только количеством партнерш и несколькими дополнительными возможностями — скажем, так называемой «каруселью», когда девочки идут по кругу. Есть еще «самолет», или застольная русская игра в «угадайку», когда восемь—десять голых мужчин сидят за столом, а девочки под столом делают им минет... но тут я намеренно прерываю себя. Потому что я в принципе против присутствия при моем половом акте другого мужского лица. Я считаю, что это уже просто-напросто свальный грех. Можно иметь гарем, можно и в современном мире устроиться, как какой-нибудь падишах, и трахать кряду двоих, троих или даже четверых, но зачем же грешить? Вы когда-нибудь видели двух петухов на одном насесте или двух быков в одном стаде? Нет, я против свального греха, извините, тут мое целомудрие останавливает перо.

Глава 7

СЕКС И РОМАНТИКА

Княгине
Варваре Павловне Гагариной

Львица модная, младая
Честь паркета и ковра,
Что ты мчишься, удалая,
И тебе придет пора.
На балах ты величаво
Жопой круглой и вертлявой
Своенравно не виляй
И меня не раздражай.
Погоди, тебя заставлю
Я смириться подо мной,
Жаркий член свой позабавлю
Окровавленной...

Граф А. Толстой

Давайте поговорим о романтике в сексе. О любовных приключениях, случайных встречах, изменах, любви с первого взгляда и прочих атрибутах так называемых романс-новелл. Правда, в России такого жанра литературы нет напрочь, но зато в жизни любовные приключения можно встретить на каждом шагу. В стране, где женщин на 10 миллионов больше, чем мужчин, в стране, где все виды свободной общественной активности населения были запрещены, где еще могла сохраниться у людей хоть какая-то независимость от системы, как не в сексе?

И вот на постелях многочисленных квартир происходили самые бесконтрольные, неожиданные, романтические, лирические, комические и трагические сексуальные приключения.

На поиски этих приключений люди тратят порой все свое свободное время. Особенно — молодые люди и незамужние женщины так называемого бальзаковского возраста.

В каждом советском городе имелся свой «Бродвей». То есть официально эта центральная улица города, городка или поселка называется проспектом Ленина, улицей Маркса или еще как-нибудь в духе советской системы. Но пожилые обыватели упорно называют эти улицы их старыми, дореволюционными названиями, а молодежь — только одним словом «Брод» — от слова «Бродвей», причем это сокращение «брод» совпало с корнем русского слова «бродить», т. е. ходить без всякой цели, гулять. «Пошли на Брод» или «Пошли на Бродвей!» — в русском языке это теперь такая же своя, русская фраза, как «пепси-кола», и означает — пошли гулять по центральной улице.

Разница между нью-йоркским Бродвеем и советскими «бродвеями» огромна. Не потому, что в Нью-Йорке куда больше рекламы, магазинов, порнокинотеатров и мюзиклов, а потому, что на нью-йоркском Бродвее вы можете подцепить только дешевую шлюху, а на советские «бродвеи» молодежь каждый вечер стекается со всего города, чтобы познакомиться друг с другом. Школьники старших классов, студенты техникумов и первокурсники вузов — вот кто шагает рядами и даже колоннами навстречу друг другу в этом ежевечернем «бродвейском» променаде. Дойдут до конца улицы и поворачивают обратно и снова дефилируют, не спеша, лузгая семечки, по тротуару — парни высматривают девушек, с которыми хотят познакомиться, а девушки косят глазами на прохожих парней. Это длится часами — с семи вечера до двенадцати, ежевечерне, но, конечно, особенно многолюдно по субботам и воскресеньям. Здесь принято заговаривать с незнакомыми девушками, флиртовать, шутить, назначать свидания, а все дальнейшее уже зависит от ее Величества Судьбы.

Когда я учился в Москве, во ВГИКе, на экономическом факультете, в нашем общежитии жил один студент из Армении. Я не знаю, когда он успевал учиться, — я никогда не видел его в коридорах нашего института, в институтской столовой или в библиотеке. Но по вечерам я регулярно встречал его в нашем общежитии, и всегда — с новой девушкой, явно немосковской, провинциальной внешности. Однажды я оказался днем на московском «Бродвее» — улице Горького и зашел в кондитерскую, что напротив гостиницы «Минск». Эта кондитерская славится свежими булочками с изюмом и вкусным кофе, который вы можете выпить за столиком.

Я взял булочку и чашку кофе и оглянулся в поисках свободного столика или хотя бы свободного стула. И тут я увидел своего знакомого по вгиковскому общежитию. Он сидел за одним из столиков, одетый в черное кожаное пальто, белые кожаные перчатки, при галстуке и со шляпой на голове. На столе перед ним лежала французская газета «Монд» и стояла недопитая чашечка кофе.

Соседний стул был свободен, но на нем лежали пестрые иностранные журналы и пышный шерстяной шарф.

— Привет! — подошел я к нему и кивнул на стул. — Тут свободно?

Но мой знакомый вдруг нагнулся к своему кофе, прикрыл лицо газетой и прошептал мне сквозь зубы:

— Не говори со мной по-русски! Я тут — иностранец, француз. Сядь где-нибудь в другом месте...

Я изумленно отошел в сторону. Через минуту я увидел, как он пристально наблюдает за пышнотелой крашеной двадцатипятилетней блондинкой, стоящей в очереди за кофе. Стоило ей взять чашечку кофе и булочку, отойти от стойки и оглянуться в поисках свободного места, как он, словно бы невзначай, убрал с соседнего стула свой шарф и журналы, и блондинка с провинциальной наивностью тут же поспешила занять этот «чудом» освободившийся стул.

Нужно ли говорить, что вечером мой «француз» привел эту провинциальную блондинку в наше студенческое общежитие, в свою комнату на третьем этаже? Позже я как-то разговорился с ним, и он сказал мне, что эта кондитерская на московском «Бродвее» — его постоянный пост. Здесь он каждый день кадрит новую грудастую провинциальную блондинку, выдавая себя за француза, который учится в Институте кинематографии. Сочетание слов «француз» и «кино» действует неотразимо, за четыре года «учебы» во ВГИКе мой знакомый перетрахал никак не меньше тысячи провинциальных пышнотелых блондинок — будучи армянином, он имел пристрастие именно к этому сорту женщин...

По вечерам московская улица Горького мало чем отличается от провинциальных «бродвеев» — я имею в виду уличные нравы. Здесь тоже слоняются без дела, флиртуют, назначают свидания возле памятника Пушкину или у Центрального телеграфа. Впрочем, здесь все-таки больше шансов попасть на «динамо» или на проститутку, чем в провинции.

Что такое «динамо»? Обычно это две-три девушки, студентки техникума или молодые фабричные девчонки, гуляющие по «бродвею» с определенной целью — подцепить пожилых командированных.

Они легко отшивают всех прочих молодых и явно безденежных уличных искателей лирических приключений, но при появлении нужных им «кадров» легко идут на сближение и столь же легко принимают приглашение поужинать в ресторане. А то и сами намекают, что надо бы сначала поужинать в ресторане, потанцевать, а уж потом... «Потом» чаще всего не происходит, т. к. эти девицы, так называемые «динамо», или «динамистки», поужинав за счет своих ухажеров в хорошем ресторане, умело смываются от них в конце вечера, чаще всего перед десертом.

В провинции «динамистки» могут действовать еще наглей — я не раз видел в провинциальных ресторанах, как такие «девушки» посреди ужина со своими новыми знакомыми вдруг приглашали к столу своего местного хахаля и заставляли приезжего искателя развлечений поить его шампанским и кормить шашлыками...

Но вернемся к романтике. Я полагаю, что самым романтическим обстоятельством в русском сексе является не проблема «кого» и «как», а проблема «где». Это практически невероятно, чтобы молодой человек или молодая девушка имели здесь свою отдельную квартиру. Молодой рабочий должен отработать на одном предприятии десять, а то и пятнадцать лет, чтобы получить государственную квартиру. А аренда квартиры на частном рынке простому советскому человеку не по карману, да и найти квартиру в аренду даже за большие деньги очень нелегко. Поэтому молодые люди продолжают жить с родителями в одной квартире даже после того, как у них самих появляются дети, — по два или даже три поколения в одной квартире или даже в одной комнате. Но если с помощью фанерных перегородок, мебели и прочих ухищрений молодоженам еще удается как-то отгородиться от родителей для своих законных супружеских утех, то как быть молодым и неженатым? Привести домой, к родителям, парня или девушку и уложить его (ее) на диване в одной комнате с родителями — дело немыслимое. Получить комнату в гостинице без брони какой-нибудь высокой правительственной организации — так же невероятно. Кроме того, у вас в паспорте есть отметка, что вы живете, скажем, в городе Горьком. Значит, вы уже не имеете права снять номер в горьковской гостинице. Мотелей, «холидей ин» и прочих западных удобств, когда вы за 30—50 долларов получаете ключ от номера и никто не спрашивает ваших документов, — таких буржуазных вольностей здесь нет и в помине.

Спрашивается: где же молодежь занимается сексом? Где двое влюбленных могут провести ночь? И как вообще в таких условиях стать женщиной или мужчиной?

О том, какими романтическими становятся эти проблемы в стране, можно судить хотя бы по тому, что на эту тему сделано несколько прекрасных фильмов. Один из них — «А если это любовь?» — рассказывал драматическую историю: поскольку двум влюбленным десятиклассникам негде было переспать друг с другом, они занимались любовью на грязной лестничной площадке. Любопытно, как относился бы Ромео к Джульетте, если бы она отдалась ему не в своей роскошной спальне с окном в сад, а на грязной лестничной площадке?.. В результате Джульетта из фильма «А если это любовь?» брошена своим Ромео и рожает ребенка, который будет расти без отца...

Второй фильм на эту тему, «Двое в городе», с крупнейшими советскими кинозвездами Михаилом Ульяновым и Алисой Фрейндлих, целиком посвящен тому, как два взрослых человека, мужчина и женщина, встретившись и влюбившись друг в друга в Москве, ищут место для ночлега. Весь фильм ищут место, где они могли бы отдаться друг другу, да так и разъезжаются из Москвы, не пригубив из чаши любви...

А герои третьего фильма, «Осень», поступают мудрей: для того чтобы спокойно заниматься любовью, они, едва встретившись в Москве, тут же садятся в поезд и уезжают из Москвы в глухую, далекую деревню, где, выдавая себя за мужа и жену, снимают комнату в избе у какой-то старухи...

Короче говоря, вся наша действительность романтизирует секс ежедневно и повсеместно. И это еще одно достижение коммунистического образа жизни. Потому что, согласитесь, нет никакого удовольствия в сексе, если к этому не примешана хоть какая-то доля романтики — влюбленности, опасности, авантюры, тайны или приключения. Без этого секс только соитие и не более того. Но вот если вы хоть чуточку влюблены или объединены одной тайной или опасностью... О, тут удовольствие от секса становится на много порядков выше...

Примеры теснят мою память, не знаю, какой выбрать для начала.

...Она приехала в Дом отдыха актеров прямо из Парижа, и директор этого дома, святая и чуткая душа, поселил ее в трехкомнатном коттедже, где одну комнату занимал я, а две другие пустовали. В день ее приезда меня в доме отдыха не было, я уезжал куда-то по делам и таким образом разминулся с ее мужем, известным актером, который привез ее в дом отдыха на своей машине и уехал. А она осталась — худенькая стройная блондинка 28 лет, с большими зелеными глазами и холодным взглядом пуританки. Можете себе представить, как взыграло мое ретивое, когда вечером, вернувшись из Москвы в дом отдыха, я обнаружил в своем коттедже это узкобедрое зеленоглазое создание, эдакую Николь Курсель — Марину, сотрудницу Института мировой литературы, только что закончившую годовую лингвистическую практику в Парижской академии художеств. Мало того, что она была красива, мало того, что мы вдруг с ней оказались одни в коттедже, она еще год провела в Париже. Я не сомневался, что, кроме лингвистической практики, она прошла там за этот год хорошую практику французского секса, и тут же взял курс на осаду этих зеленых дразнящих глаз. Когда мне кто-то очень нравится, я не спешу. Это странно, я много раз думал об этой странности — вот я случайно, чуть ли не с тротуара, подхватываю роскошную девочку, сажаю в свою машину и везу к себе домой, и это не блядь, не проститутка, это подчас вполне порядочная молодая женщина, но через пятнадцать—двадцать минут мы уже в постели. Но встреть я эту женщину в других условиях, на каком-нибудь вечере в театре, я принялся бы за ней волочиться, долго окружал бы ее хитрыми петлями, сам втянулся бы в эту игру и только потом, через несколько дней, атаковал напрямую. Результат был бы тот же, хотя...

Марина приехала в этот «рассадник разврата», в Дом отдыха актеров, с твердой уверенностью в стойкости бастионов своей крепости. Ее зеленые глаза смотрели на рой пожилых и молодых театральных ухарей свысока, холодно, отталкивающе. Подавая при знакомстве холодную узкую руку, она называла себя по имени-отчеству — Марина Андреевна, и целый день валялась в шезлонге, читая французскую классику в подлиннике.

Я тоже выказывал холодность и безразличие при встрече. Я даже дал понять, что присутствие женщины в коттедже мешает мне, нарушает мой отдых — уже и не включи лишний раз телевизор, если она спит, не громыхни дверью, ну и так далее. Короче, в первый день я был с ней сух и отдален, только «доброе утро» утром и «спокойной ночи» вечером.

Но стоял май, с утра за окном начинают петь соловьи, а с реки тянет прохладной свежестью, голубиным ознобом. И оранжевое майское солнце бьет сквозь зеленую листву в окна, радугой вспыхивая в каждой капле росы... Весна была, весна, пора весенних грез и весенних соблазнов.

Лежа по утрам в своей комнате, я невольно представлял, как в комнате напротив, под легким одеялом, на натуральной льняной простыне, лежит абсолютно голая худенькая зеленоглазая Марина, пьет чуть распахнутыми губами этот зябко знобящий воздух весны, и ее длинное, узкое, как стилет, тело просыпается, просыпается, просыпается, наливая весенним соком маленькую крепкую грудь.

Я ворочался в своей постели с торчащим от похоти Братом, всего два шага по коридору отделяли мою комнату от ее двери, и мы были только вдвоем в коттедже, но я держал себя в руках, ждал, и снова только:

— Доброе утро. Как спалось? Идете на завтрак?

За завтраком я болтал с соседом-старичком об очередной прогулке в лес, о замечательном воздухе недалекого от нас ельника. Марина молча сидела за нашим столом, церемонно ела творог с булочкой и уже собиралась встать, явно уязвленная отсутствием внимания к ее персоне, когда я как бы вскользь спросил:

— А вы не хотите пройтись по лесу?

Быстрый взгляд зеленых глаз, молчание, оценка, не кроется ли за моим предложением что-либо еще, но я уже продолжал разговор со старичком соседом:

— Леонид Осипович, давайте мы вас вдвоем с Мариной вытянем на прогулку в лес. Вы не представляете, как там сейчас замечательно. Далеко не пойдем, а тут рядышком побродим... Марина, идите собирайтесь, нечего вам сидеть целыми днями над Монтескье.

И так вышло, что ей уже деваться некуда, вопрос о ее прогулке решен.

Три дня мы гуляли с ней по лесу. Первый день в сопровождении Леонида Осиповича, второй и третий — вдвоем, но даже в густом ельнике, лениво и устало валяясь на весенней траве, я ни словом, ни взглядом не выдавал своей тяги к ней, мы просто были друзьями-рассказчиками — она рассказывала мне о Париже, будоража воображение тем, о чем и не упоминала, — о сексе в Париже, а я рассказывал всякие смешные были и небылицы из телевизионной практики. И казалось, мы так сдружились, что и в мыслях секса нет. А вокруг была весна, чириканье птиц, перезрелое томление лягушек на реке, утренняя роса на нежной листве, прозрачно-серебряный воздух по ночам и... весенние грозы. На третий день наших лесных прогулок грянула майская гроза со спелым, крупным дождем. Мы прибежали из лесу, промокнув до нитки, согрелись крепким чаем, и она нырнула в свою комнату, а я слонялся по пустому коттеджу, ожидая сумерек. Они пришли с грохотом весеннего грома, ярым шумом дождя за окном и бешеным ветром, от которого шатались деревья. Уже непонятно было — то ли вечер, то ли сразу ночь, но только казалось, что наш деревянный коттедж одиноко плывет в ожесточенной буре. Сумасшедший дождь атакует крышу, молнии раскалывают землю, а гром сотрясает мир прямо за окнами. Я постучался к ней, к Марине, и сказал:

— Слушайте, вы все равно не спите, а у меня есть коньяк. В такую бурю коньяк — лучшее средство.

— Но я боюсь зажечь свет... — донеслось из-за двери. — И я уже в постели.

— Ну и лежите. Все равно мой ключ подходит к вашей двери. Я сам открою.

И я своим ключом открыл ее дверь и вошел к ней с коньяком.

В полумраке комнаты, освещенной только очередной вспышкой молнии, я увидел в углу, на кровати, узкое, как стилет, укрытое одеялом тело и испуганные зеленые глаза на белом лице. Она мгновенно оценила ситуацию: она запирала свою дверь каждую ночь, а, оказывается, я мог войти к ней в любую минуту средь любой ночи. Но — до чего же благородный человек! — не воспользовался этим, хотя все это время мы были только вдвоем в коттедже.

Мы стали пить коньяк, болтая о чем-то, я отворил окно в парк, и теперь шум дождя, запахи мокрой земли, шелест деревьев и грохот грома заполнили комнату, и она, закутавшись в одеяло, сидела на постели, и ее зеленые глаза мерцали при свете молний. При каждом новом раскате грома она испуганно куталась в одеяло и просила: «Закройте окно, я боюсь, Андрей!»

Я закрыл окно, подошел к ней вплотную и нагнулся, чтобы поцеловать.

— Нет! — сказала она, почти вскрикнув. — Нет!

Я обнял ее. Ее худые руки ожесточенно выставили локотки, сопротивляясь моему объятию, но в этом ожесточении было чуть-чуть больше энергии, чем это нужно для холодной решимости отчуждения, это было только как вскрик самозащиты, тут же и ослабевший. Очередной сумасшедший удар грома заставил ее испуганно вздрогнуть и инстинктивно прижаться ко мне. Казалось, сама природа, все раскалывающееся от грозы мироздание подыгрывали мне в моей игре. Впрочем, играл ли я? Боюсь, что я уже не только играл влюбленность, но и был влюблен в эти зеленые глаза... Сумасшедший поцелуй, останавливающий дыхание, и еще несколько ударов грома, из-за которых она невольно все больше прижималась ко мне, уронили нас на постель.

— Нет, — шептала она. — Нет! Не смей! Никогда! Нет!

Но мои руки делали свое упрямое грубое дело, а губы уже добрались до ее груди. У каждой женщины есть определенное место, которое она защищает сильнее всего остального, у большинства наших женщин это — трусики. Вы можете раздеть их догола, зацеловать допьяна, но вот снять трусики — это подчас немыслимая проблема, они ухва-

тывают их руками, скрещивают ноги мертвой хваткой, барахтаются, но если вам все-таки удалось снять или просто разорвать трусики — все, женщина обмякает и сдается и даже сама раздвигает ноги в позу первой готовности.

Марина защищала сначала грудь, потом трусики, а потом с тем же неистовством не разрешала моему Брату протиснуться в ее скрещенные ноги. Гремел гром, молнии рвались в окно, майская гроза атаковала землю с таким же темпераментом, как я атаковал Марину, или — наоборот — я атаковал Марину с темпераментом майской грозы и грома. Она не сдавалась. Ее узкое тело извивалось подо мной, выламывалось в моих руках, возбуждая меня все больше. Какая там к черту французская любовь! Я просто раскалывал ее скрещенные ноги своими ногами, и наконец, с очередным ударом грома, мой Братан самым бандитским, грубым, яростным толчком прорвался в заветную узкую штольню и тут же продвинулся в глубину, до конца.

Марина охнула у меня в руках, опустошенно расслабилась и... заплакала. Уже не сопротивляясь, безвольно-податливая, она открыто лежала теперь подо мной, и ее зеленые глаза истекали слезами, а узкая теплая щель ее Младшей Сестры обнимала моего Брата. Я поднялся над ней на руках. Узкое, как у змейки, тело, с маленькой грудью, хрупкими плечами, с головой, безвольно отвернувшейся набок, покоренное, но еще не завоеванное, осветилось подо мной вспышкой молнии. Я стал ласково и нежно целовать ее — так нежно, будто в самый первый раз, словно и не был уже в ней мой член. Я целовал ее плечи, шею, грудь, лицо, губы, мои руки гладили ее волосы, и снова мягким касанием губ я кружил по ее плечам и наконец почувствовал, как тихо шевельнулась ее рука — только шевельнулась рука на постели. Мой Брат осторожно, чутко, будто украдкой, выходил из нее — но не до конца, а только до головки, а потом так же медленно, как бы ползком, вдвигался в нее, и эти замедленно-мягкие движения разбудили наконец ее, и я почувствовал смазку. Теперь я мог делать с ней что хотел. Я лег на нее, обнял ее ноги руками, подтянул кверху и закинул их к себе на плечи. Так, распахнув ее ноги до упора, я уже до самого корня, до мошонки всаживал в нее Брата, и он уходил вертикально вниз по этой теплой узкой штольне, а потом медленно выбирался вверх и снова — вниз.

Ее тело начало оживать. Сначала шевельнулись ягодицы, да, маленькие белые ягодицы вдруг шевельнулись — еще не в такт моему движению, еще не подмахивая мне, но просто ожили, шевельнулись, а потом при вспышке молнии вдруг распахнулись зеленые глаза и взглянули на меня с немым вопросом. Я остановился, нагнулся к этим глазам и мягко поцеловал их, а она вдруг обняла меня двумя узкими прохладными руками.

И тут какая-то сумасшедшая волна любви, искренней нежности и даже жалости нахлынула на мое сердце. Я полюбил это завоеванное, узкое, как ножницы, тело, эту тонкую шею, этого взрослого ребенка. И тихим, мягким движением перевел ее сначала на бок и дальше — на себя. И теперь, беззащитно голая, хрупкая, тонкая, с лицом, еще мокрым от слез, она сидела на мне, на моих чреслах, на столпе моего вертикально торчащего Брата.

И — верите или нет, друзья, — она не знала, что ей делать! Женщина, только что прилетевшая из Франции, русская женщина, год прожившая в Париже, жена известного актера, оказалась необразованной, как тринадцатилетняя девчонка. О, наши русские женщины! Провести год в Париже и не переспать с десятком французов, да что там с десятком — хоть бы с одним! — это не укладывалось в моей голове, я не верил этому.

Я обнял ее ягодицы ладонями и приподнял на моем Братце до верха, а потом, указательными пальцами нажимая ей на бедра, повел ее вниз до конца, а потом — снова медленно вверх и опять — вниз. Ее легкое тело было удивительно послушным, ее тонкие руки упирались мне в плечи, а ноги обнимали мои бедра, и я любовно-нежно, томительно-осторожно стал обучать ее азам половой гимнастики. Нужно сказать, что это было замечательно нетрудно. В ней было килограммов пятьдесят, не больше, она вся была просто одним маленьким влагалищем, узким и теплым, а весь остальной ее вес был только обрамлением этой теплой глубокой штольни. Это невесомое, прохладное, узкое тело можно было вертеть на Брате, изламывать, поднимать без усилий на ладонях, держать на весу, дразня себя и ее, а потом одним движением обрушить на себя и войти в нее без остатка. Да, она была восхитительно сексуальна, она была создана для секса, но не подозревала об этом, ничего не умела, и теперь к удовольствию секса присоединилось удовольствие от учебы. Я вертел ее на своем Брате, я сажал ее на колени, разворачивал к себе спиной, я обрушил на нее целый каскад разламывающих ее ноги и тело приемов и наконец просто встал в полный рост. Дождь продолжал хлестать по крыше, по веткам деревьев, молнии зелеными сполохами освещали нашу комнату, и при этом коротком свете, в грохоте грома, она обнимала меня за шею, а я держал свои руки замком под ее коленями, поднимая и опуская на своем Брате, всаживая его до конца, без остатка.

Мы занимались этим всю ночь. Уже стихла майская гроза, и деревья уронили дождевую воду на землю, уже проснулись птицы, и соловьи защелкали навстречу поднимающемуся солнцу, уже повариха прошла за окном в столовую, а я все не мог оторваться от этого хрупкого, узкого, вновь и вновь возбуждающего меня тела. Бледная, худенькая, с зелеными глазами, увеличившимися от шести или восьми оргазмов, покорная, лежала Марина на постели рядом со мной, но я не чувствовал усталости. Стоило мне прикоснуться к ней, провести рукой по ее прохладным плечам и теплым комочкам груди, как мой Младший Брат возрастал с новой силой, и я опять легко поднимал на себя невесомое, хрупкое тело, и в который раз — в десятый, наверное, — мой ненасытный упрямец раздвигал узкую теплую щель.

На рассвете она сказала, что ненавидит меня и себя и немедленно уезжает. И тут же устало уснула.

Днем мы спали. Отдыхающие театральные шакалы, скаля свои похотливые прокуренные зубы, кружили вокруг нашего коттеджа в надежде прорваться в нашу крепость и унести мою добычу в свои комнаты. Во время обеда или ужина за нами следили десятки любопытных глаз и кто-нибудь обязательно прилипал к ней, заводил разговор, предлагал прогулки, компании, выпивки, поездки в загородный ресторан, но я никак не реагировал, на людях мы продолжали быть с ней на «вы» — холодные, не интересующиеся друг другом соседи. Но ночью... Я плотно закрывал все окна и двери коттеджа, задергивал шторы, изо всех комнат приносил в одну комнату все постели, стелил на полу, и получалась обширная, пять квадратных метров, арена. Потом я шел в ее комнату и, вновь преодолевая ее короткое, со слезами, сопротивление, поднимал ее на руки и нес на эту арену свою добычу.

Она все не могла смириться с тем, что изменила мужу, и каждое утро умоляла меня прекратить наши ночные встречи, забыть о них и грозилась уехать в тот же день. Смеясь, я соглашался, говорил, что — все, конечно же, это была последняя ночь, что мы с ней снова на «вы» и вообще ничего не было, завтра я вызываю к себе другую девочку.

Но проходил день, наступала ночь, и снова я швырял на эту широкую, на полу, постель хрупкое прохладное тело, зеленые бешеные от ненависти глаза. Да, она ненавидела меня, ненавидела за то, что я почти изнасиловал ее в первую ночь и собираюсь насиловать снова, но эта ее ненависть только распаляла меня, и я, почти рыча, набрасывался на нее и, ломая сопротивление скрещенных ног, с первозданной силой вламывался в ее тело. А через двадцать минут, покорившись судьбе и похоти, она уже взлетала над моим Братом и, легкая, хрупко-тонкая, сексапильная до обморока, извивалась на нем, трепеща от возбуждения. А я неистовствовал. Это бестелесное звонко-хрупкое тельце возбуждало меня даже тогда, когда я был в нем, даже когда мой Брат уходил в нее целиком, я чувствовал, что еще какие-то внутренние силы похоти выпирают меня из моего тела и переводят это тело в мой член. У меня было такое чувство, будто мне не хватает моего члена, не хватает потому, что я не достаю им от ее щели до ее глаз. Мне ужасно хотелось совершить немыслимое — войти в нее всем своим телом, пронзить ее до горла и в таком положении вертеть ее на себе, как на шампуре.

И я разламывал над собой ее тонкие ноги, я ставил ее на четвереньки, я укладывал ее на письменный стол, перебрасывал ее тело через спинку мягкого кресла, катал по полу, снова перебрасывал на кровать и седлал ее с хищным неистовством дикого зверя, и при этом еще открывал шторы на окнах, чтобы при лунном свете видеть ее зеленые мерцающие глаза. Часа через полтора, усталый, но не обессилевший, я лежал рядом с ней, пил коньяк, держа рюмку на ее узком плечике, но стоило мне прикоснуться к ней даже нечаянно, прикоснуться хотя бы к ее руке, как какая-то новая сумасшедшая сила бросала всю мою кровь вниз живота, к Младшему Брату, и он подскакивал, как солдат по боевой тревоге. Отлетал в сторону коньяк, мои руки поднимали ее узкие бедра, и опять ее почти невесомое тело беззвучно взвивалось и разламывалось...

В шесть утра властный громкий стук в окно заставил нас обоих вздрогнуть.

— Муж! — Она метнулась в свою комнату, а я, наспех одевшись и прикидываясь полусонным, пошел открывать дверь, в которую продолжали стучать милицейским стуком.

Но это был не муж, это был почтальон. Срочной телеграммой меня вызывали в Прибалтику, в Ригу. Я дал этому кретину рубль за доставку и вернулся в ее комнату. Я застал ее в холодной истерике, она судорожно швыряла свои вещи в распахнутый чемодан.

— Что происходит? Это всего-навсего телеграмма. Меня вызывают в Ригу на несколько дней...

Она не отвечала. Она нашвыряла полный чемодан платьев и джинсов, кофточек и блузок и пробовала закрыть его, но он не закрывался, он был переполнен.

— Марина, это глупо. Я вернусь, я тебе обещаю.

— Можешь не возвращаться. Меня здесь уже не будет. Уйди отсюда!

В ее глазах и голосе было столько холодной ненависти, что я просто повернулся и вышел. Через несколько минут, собрав свою дорожную сумку, я постучал в ее дверь. Ответа не было, дверь была заперта изнутри. Я сказал:

— Я иду на станцию, могу поднести твой чемодан. Ты слышишь?

— Не нужно, — донеслось из-за двери. — Доберусь сама.

— Как хочешь. В Риге я буду в гостинице «Рига», можешь мне позвонить.

Ответом было презрительное молчание. Я подхватил на плечо свою сумку и в ожесточении зашагал на станцию. Через три часа я уже был в Риге и окунулся в телевизионные хлопоты. Действительно, предстояла сложнейшая ночная съемка, известные актеры слетались к нам в Ригу на одну ночь — с наступлением лета все хорошие актеры нарасхват, снимаются в разных картинах в разных концах страны, и свести их вместе для одной большой сцены — редкая удача. Директор телефильма один не справлялся, меня вызвали из отпуска, и я с головой окунулся в хлопоты и не сразу понял, что за телеграмму подсунул мне на площадке ассистент режиссера. В телеграмме было всего три слова: «Люблю. Жду. Целую».

Без подписи. И только место отправления телеграммы — «Руза, Московская обл.» — подсказало мне, что это от Марины.

Всю ночь я проработал как сумасшедший, а в четыре утра, когда мы кончили съемку, я вместе с актерами поехал на аэродром и первым же самолетом вылетел в Москву. В семь утра с букетом цветов в руках я вошел в свой коттедж, своим ключом открыл ее дверь и застал ее сонную, изумленную, радостно потянувшуюся ко мне всем телом.

Глава 8

КАК ЛОМАЮТСЯ ЦЕЛКИ

> Ну что за милые девчонки
> Примерно лет так десяти,
> Как не пробились волосенки
> Еще... Ах, мать их разъети!
>
> *Г. Державин*

> Но скоро страх ее исчез...
> Заколыхались жарки груди...
> Закрой глаза, творец небес!
> Зажмите уши, добры люди!..
>
> *М. Лермонтов, «Уланша»*

О, эти крохотные, свежие, как нераскрытый бутон, нижние губки! Розовые, покрытые чудным нежным пушком клиторы в лоне девичьих, еще детских ног! Лукаво закрытое малюсенькое влагалище — еще и не влагалище вовсе, поскольку вложить туда еще ничего нельзя, но зато как хочется! В знаменитом черноморском пионерском лагере было две тысячи таких вот соблазнительно юных, стыдливо упрятанных, ожесточенно охраняемых и беспечно дразнящих девочек. Они маршировали под громкий треск барабанов на пионерских линейках, уходили в туристические походы, загорали на пляжах, купались в море, играли в волейбол и теннис, уплетали фрукты в огромной столовой, пели вечерние песни у костров, целовались с молодыми пятнадцатилетними комсомольцами в темных аллеях парка и на ночных пляжах и опять маршировали мимо моих окон в пионерских галстуках, коротеньких шортах и маечках, под которыми дерзко выпирали крепкие молодые грудки. Мы, творческая делегация московского телевидения, были гостями лагеря, а я был администратором этой делегации.

Представьте себе: шесть километров золотистого песчаного пляжа вдоль теплого Черного моря и прилегающее к этому пляжу гористое побережье с вечнозеленым лесом отгорожены от всего остального мира. На этой территории разбиты парки, аллеи со скульптурами, стадион, площадки для тенниса, плавательный бассейн. Здесь же построен огромный Дворец космоса с макетами советских космических кораблей в их натуральную величину. Рядом, в трехстах метрах, — современное здание детского театра величиной с Большой театр. На крыше этого театра — еще одна сцена, для летних эстрадных концертов. Артисты выступают здесь на фоне естественного пейзажа, открывающегося за сценой, — на фоне роскошной панорамы Черного моря.

А у самой воды, отделенные друг от друга зеленью парков, высятся белые шести- и семиэтажные здания — жилые корпуса для подростков. Они украшены цветными панно и мозаикой, изображающими радостный труд в Стране Советов, полеты в космос и т. п.

Там, за каменным забором, десятки тысяч курортников, наводняющих Черноморское побережье каждое лето, приходят на грязные каменистые пляжи в шесть утра, чтобы занять место поближе к воде. Люди живут в палатках — без воды, без туалетов. Теснятся в комнатах у местных жителей, которые на лето превращают свои квартиры в общежития для приезжих и заселяют по десять—пятнадцать человек в одну комнату. Сдают под жилье даже чердаки, сараи, курятники. В столовых и ресторанах безумные очереди, нужно выстоять два-три часа под палящим солнцем, чтобы пообедать. В магазинах продукты расхватывают за первые два утренних часа, а на рынках цены умопомрачительные. От грязи, антисанитарии по этим курортам постоянно гуляют эпидемии дизентерии, триппер и сифилис, а в 1970 году все Черноморское побережье было объявлено закрытой зоной из-за эпидемии холеры. Короче говоря, не дай вам Бог попасть на эти «дикие» курорты не в роли иностранного туриста по классу «люкс», а в роли простого советского отдыхающего!..

Но едва вы, проехав по извилистой горной дороге над этими «дикими» пляжами, въезжаете через красивую проходную на территорию пионерского лагеря «Артек», все меняется волшебным образом. Тишина, прохлада, тенистые парки, фонтаны и фонтанчики, незамутненная бирюза Черного моря, пустынные золотистые пляжи, всплески детских голосов в аллеях.

Нашу делегацию разместили в маленькой, уютной, увитой плющом двухэтажной гостинице, и, конечно, у каждого был свой номер с балкончиком, выходящим на море. Работа у нас была, прямо скажем, «непыльная» — по вечерам мы выступали перед подростками, рассказывали о кино, театре, показывали свои фильмы и отвечали на вопросы. А днем лениво загорали на пляже, специально отведенном для почетных гостей. Вокруг нас шла веселая жизнь одного из самых привилегированных пионерских лагерей страны.

Среди трех с половиной тысяч находящихся в этом лагере подростков было, наверное, две тысячи девочек, из них как минимум тысяча — от четырнадцати до шестнадцати лет. Не нужно обладать большим воображением, чтобы представить себе это сонмище загорелых Лолит и нимфеток, которые резвились вокруг нас на пляже, визжали, заходя в море, играли в волейбол или загорали на горячем желтом песке.

Обнаженные, в узеньких трусиках и таких же узеньких полосках цветных лифчиков, под которыми дерзко выпирали молоденькие крепкие грудки. Процентов тридцать этих девочек вполне годились на обложки журналов «Fifteen» и «Seventeen» или в каталоги «Блумингдейла», и, Боже, какими волчьими глазами пожирали мы, взрослые, эту юную, сочную, свеженькую плоть! Даже моя приятельница, известная тридцатилетняя актриса Валентина К., мечтательно и томно вздыхала, выделив среди полчища мальчишек стройного, загорелого, с темными глазами пятнадцатилетнего паренька.

Но подростки не обращали на нас особого внимания, взгляды всех девочек были направлены на лодки и катера спасателей, которые дежурили в море и иногда лихо подваливали к берегу, чтобы взять на борт двух-трех очередных девочек — покатать. Ох уж эти спасатели! Крепкие, дочерна загорелые, мускулистые двадцатилетние ребята круто знали свое дело. Спокойно-опытным взглядом они бесцеремонно выбирали в орде недозрелых девчонок то, что было почти спелое, налитое уже горячим соком, приглашали в лодку — да, собственно, и приглашать особо не нужно было, спелые девочки сами напрашивались, а потом катер, фыркнув мотором, делал крутой разворот у берега и брал курс в открытое море. Катер! Морская прогулка! Для какой-нибудь сибирской девчонки это было сногсшибательно — прямо как в американском кино! Да, волны сексуальности, юной похоти, проснувшейся чувственности двадцать четыре часа в сутки гуляли по тому берегу, где стояли коттеджи лагеря «Комсомольский», лагеря старшеклассников — 14—15—16-летних. По вечерам в окрестном кустарнике слышался сдавленный шепот, быстрое дыхание, невольные короткие вскрики и расклеивающиеся звуки поцелуев-засосов. Никакие турпоходы, военные тренировки, спортивные соревнования не могли ослабить этот напор чувственности — помню, старший пионервожатый говорил нам, что они, руководство лагеря, специально выдумывают самые тяжелые маршруты походов для старшеклассников, ранние подъемы по боевой тревоге, сбор лекарственных трав в лесу, ежедневные спортивные соревнования — только чтобы обессилить к вечеру этих ребят и девчонок, чтобы у них уже не хватало сил целоваться и трахаться по ночам. Но куда там! Каждое утро в мусорных ведрах находили выброшенные изорванные, в пятнах крови простыни, трусики, майки — девичьи целки лопались в пионерском лагере, как хлопушки во время карнавала.

И одну из них хлопнул я, грешный. Представьте себе роскошный солнечный день на берегу зеленого пылкого моря и детский карнавал в честь дня Нептуна. Ряженые, крашеные, в самых фантастических нарядах — от диких костюмов каких-то африканских папуасов до полного облачения датского принца — подростки резвятся, поют, пляшут, и в центре всего — Королева Карнавала — хрупкая четырнадцатилетняя нимфетка в прозрачной голубой тунике, с балетным тельцем и карими глазами под золотой короной, надетой на льняные волосы. На высоком постаменте она с профессионально-балетной выучкой танцует в паре с Принцем — тем самым пятнадцатилетним темноглазым парнем, которого заприметила моя приятельница-артистка.

По-моему, у нас с ней, с артисткой, одновременно защемило сердце, и мы даже переглянулись, как заговорщики.

— Ладно, Валюша, — сказал я ей. — Я тебе его устрою.

— Если я тебе устрою ее? — спросила она.

— Попробуй...

Не так уж много нужно москвичам, почетным гостям лагеря, которых наперебой приглашают в пионерские отряды для рассказов о театре, кино, литературе и изобразительном искусстве, чтобы завязать разговор с приглянувшимися девчонкой или мальчишкой.

В тот же вечер после карнавала мы с Валей К. пришли в дружину «Комсомольская» на вечерний костер. Мы пели с ребятами песни, рассказывали им о кино и отвечали на их вопросы. Потом девчонки, среди которых была и «моя» нимфетка, окружили Валю К. — их, конечно, интересовало, как стать киноартисткой, как поступить во ВГИК и прочие вещи, которые занимают девчонок их возраста. А я подошел к тому пятнадцатилетнему парню, который так интересовал Валю. Его звали Сережей, он приехал в лагерь из сибирского городка Томска и был ни много ни мало сыном секретаря райкома партии. Я сказал ему, что, на мой взгляд, у него кинематографическое лицо, и в этом не было никакого вранья — этот парень вполне годился на роли положительных молодых героев. Лукавство мое было лишь в том, что, заронив в душе этого парня мысли о кино, я посоветовал ему поговорить об этом с Валей К. — она-де профессиональная актриса и может дать ему несколько дельных советов.

Сережа дождался, когда девчонки отлипнут от Вали, и подошел к ней. Я видел, как они сели на скамью в стороне от затухающего костра и как Валя послала мне короткий благодарный взгляд. Я понял, что сделал свое «черное» дело, и, чтобы не мешать им, направился по боковой тенистой аллее в гостиницу, с грустью вспоминая о «своей» златокудрой нимфетке.

И вдруг среди этой темной аллеи возникла, отделившись от темного куста, именно она — Королева Карнавала. Заступив мне дорогу и краснея в отблесках далекого костра, она сказала, потупив глазки:

— Валентина Борисовна сказала, что вы скоро будете делать телефильм о подростках и можете записать меня на пробу. Можете? Меня зовут Наташа...

— Записать тебя на кинопробу я, конечно, могу, — сказал я и мысленно послал Вале такой же благодарный взгляд, какой недавно получил от нее.

— А вы думаете, я подойду для кино?

— Ну, этого я не знаю. Я же с тобой еще двух слов не сказал. А вдруг ты заикаешься?

— Нет, я не заикаюсь, — несмело улыбнулась она.

— Или, может быть, ты необразованная, читать не умеешь.

— Умею! Что вы! Вы просто смеетесь... — Она смотрела на меня своими темными блестящими глазками, ее пухлые губки были полуоткрыты, ее кегельные ножки легко держали ее стройное тело, ее маленькие грудки упирались в туго натянутую белую рубашку с двумя расстегнутыми сверху пуговками, ее льняные волосы падали на маленькие плечики... Да что там говорить!

Но я все еще держался в рамках почетного гостя.

— Нет, я не смеюсь, — сказал я. — Вот я вижу по твоей фигуре, что ты занимаешься балетом. Наверно, ты учишься в балетной школе. Да?

— Да. Это не совсем школа, это балетная студия при саратовском Дворце пионеров.

— А балерины, как я знаю, очень мало читают. Ты книжки читаешь?

— Читаю, конечно, читаю!

— Например, какие?

Но в это время над всем лагерем звучит горн — сигнал отбоя.

— Ой, мне нужно бежать на вечернюю линейку, — говорит она. — А вы еще не записали ни моей фамилии, ни адреса. А хотите, я приду после отбоя и вы посмотрите, как я развита, и запишете меня? — И снова ее темные блестящие глаза посмотрели мне прямо в душу — дерзко, вызывающе и в то же время совершенно невинно.

— Ну... я не знаю... — проговорил я неуверенно. — Разве после отбоя вам разрешают ходить по лагерю?

— Конечно, не разрешают. Но вы ждите, я приду... — быстро сказала она и убежала.

В полумраке аллеи я видел ее быстро мелькающие кегельные ножки и легкую фигурку, стремительно летящую к общей, на берегу моря вечерней линейке. «Вы посмотрите, как я развита...»

Слабое томное щемление подвело мне живот, и приятная ломота предчувствия, как от утренней затяжки сигаретой, поползла по суставам...

Потом в беседке возле гостиницы, окруженные чернотой южной ночи и низкими крупными южными звездами, мы с Валей пили тонкое грузинское вино «твиши» и гадали, придут наши нимфята или не придут — Валя, оказалось, тоже пригласила своего Сережу на «деловую» беседу после отбоя.

Дальние отплески смеха у затухающих костров, быстрый пробег чьих-то ног, шум близкого моря, и легкий ветер в деревьях — все это остро ловил наш слух, напряженный чутким ожиданием.

Но вот затихли вдали пионерские костры, погасли окна в корпусах пионерских дружин, и, казалось, даже море улеглось по сигналу вечернего отбоя.

Бутылка холодного «твиши» подходила к концу, наш с Валей разговор давно ушел куда-то в сторону, на телевизионные сплетни, как вдруг из-за черных ветвей кустарника выступила бесшумная, стройная фигура Сережи в коротких шортах и курточке-штормовке. Его глубокие черные глаза и узкие мальчишеские губы, его еще не тронутые бритвой щеки и даже упавшие на высокий лоб волосы были, казалось, напряжены, осторожны — он вышел из-за кустов, как молодой робкий олень. Он на самом деле был похож на молодого оленя — на высоких стройных ногах, с большими темными глазами, — я хорошо понял, почему Валя выбрала именно его, в нем было что-то трепетно-оленье...

— О, Сережа, добрый вечер! — сказал я тут же, чтобы помочь ему выбраться из робости. — Иди сюда, у нас замечательное вино. Валя, а где же стакан? Хотя знаешь что? Забирай эту бутылку и Сережу в коттедж, а то тут еще пройдет кто-нибудь, скажут, что мы пионеров спаиваем...

— Я уже не пионер, — сказал Сережа.

— Ну, я понимаю. Давай, Сергей, помоги собрать со стола и валите в коттедж, а я докурю и приду...

Валя, поигрывая бедрами, увела Сережу в коттедж, в свою комнату, включила торшер и задернула шторы якобы от посторонних глаз, и я подумал, что у Вали куда более легкая задача, чем у меня, — если только моя нимфетка придет. Но придет ли? Утекало время, крупные низкие звезды плыли в черном небе, и маячок спасательной станции мигал в черноте близкого моря. Там, на спасательной станции, крепкотелые спасатели уже наверняка приступили к старшеклассницам, а тут — сиди и жди. Конечно, она не придет, этот цыпленок, нужно было не терять время и пригласить к себе очередную пионервожатую...

Уверенный, что в этот вечер моя встреча с девочкой не состоится, я уже собрался идти спать, но в этот миг легкий стук каблучков по бетонной аллее насторожил мой слух. Она бежала. Даже по стуку каблучков я понял, что это — она. Было что-то воздушно-легкое, ассолевское в этом быстром пробеге. И я не ошибся — она впорхнула в полосу света у беседки — наивно-смешная и прелестная в этих коротких пионерских шортиках, в такой же штормовочке, как у Сережи, — униформе лагеря, с пионерским галстуком на белой блузке и... туфельках на высоких каблучках.

— З-з... з-з... здравствуйте... — сказала она, дрожа, и ее лучистые глаза потупились.

Я подошел к ней вплотную — даже на этих смешных высоких каблуках она была ростом ниже моего плеча. Я подошел к ней вплотную, молча приподнял ее голову за подбородок и заставил взглянуть на себя. Испуганные, настороженные, но где-то в самой глубине вспыхивающие искорками отчаянной решимости глаза. Сиреневые полураскрытые губки. И мелкая дрожь нервного озноба по всему телу. Телу? Это было тельце — худенькое тельце четырнадцатилетней девочки, подростка с голыми точеными ножками, открытыми до шортиков, с худенькой шеей балерины и с нелепым пионерским галстуком, прикрывающим своими концами чуть-чуть наметившиеся под белой рубашкой выпуклости ее еще детской груди. «Ты с ума сошел! — сказал я себе. — Что ты будешь с ней делать? Это же еще ребенок! У нее родители твоего возраста, наверно...»

— Ладно, детка, — сказал я. — Идем, я тебя чаем согрею, а то ты дрожишь. Заодно — поболтаем.

И, взяв ее за руку, как дошкольницу, я повел ее в коттедж. Теперь нужно было держаться этого шутливо-иронического, дразнящего тона — «детка», «малыш», «ребенок» — при каждом к ней обращении. Четырнадцатилетнее существо не хочет, чтобы ее считали деткой, она из духа противоречия сделает все, чтобы доказать, что она не детка, не ребенок, а уже взрослая. И минут через пятнадцать, когда мы пили чай с коньяком, она сказала уже почти зло:

— Не нужно говорить мне «детка». Я не ребенок.

— Ну, это я тебя дразню. Но вообще-то ты, конечно, ребенок. Ты даже целоваться не умеешь.

— Почему вы так думаете?

— Ну, если ты в школе несколько раз поцеловалась с мальчишками, это еще не значит, что ты что-то умеешь. Но мы сейчас проверим. — Я подошел к ней, одним движением поднял ее на руки и пересадил на диван, как куклу, она даже испугаться не успела. — Вот так. Ты сидишь здесь и я — рядом. Но я сплю. Я усталый солдат, только что пришел с фронта домой, тысячу километров прошел пешком и проехал, и вот я пришел домой и уснул. А тебе нужно разбудить меня, ты моя жена, тебе нужно разбудить меня — не знаю зачем, это ты сама придумай, — может, меня председатель колхоза зовет или в райком меня вызывают, не важно. Ну вот, как ты будешь меня, усталого солдата, будить?

И я лег на диван, закрыл глаза. Она сидела надо мной, думала. Я «спал», даже чуть присвистывал, и ждал, довольно долго ждал, но вот — тихий, птичий, почти неслышный поцелуй коснулся моих губ. Я не просыпался. Ее губки коснулись меня еще раз, и еще — я не шевелился. И тогда она решительно вдавила мне в губы свои губки, захватила мои губы крепким поцелуем, и хотя он был прекрасен — этот сиреневый поцелуй ее сиреневых губ, — я тут же взбрыкнул головой, отвернулся.

— Ну что ты! — сказал я. — Ведь он так задохнется во сне. И вообще с перепугу может в морду дать. Нет, неправильно. Смотри.

И я спокойно-сильными руками уложил крошку вместо себя на диван:

— Теперь ты солдат. Закрой глаза, спи.

Она послушно закрыла глаза. Я стоял над ней и в тихом полумраке комнаты смотрел на нее. Худенькие ручонки балерины, две косички с ленточками и этот нелепый пионерский галстук... Это существо мне предстояло соблазнить и трахнуть. Я стоял над ней и думал: а нужно ли? Сколько будет слез, возни, где-то в Саратове у этой девочки папа с мамой почти моего возраста, неплохие, наверно, ребята — и вот я сейчас примусь обрабатывать их дочь. А может, действительно не нужно? Отправить ее сейчас в лагерь, пусть идет спать. Но... Но ведь кто-то же ее трахнет. Не я, так какой-нибудь спасатель со спасательной станции просто вломится членом в эти худенькие балетные ножки, а я что — буду онанизмом заниматься со своей порядочностью? Из соседней комнаты изредка доносились глухие истомленные скрипы кровати, там Валька уже трахнула своего олененка и оседлала его, поди, и уже скачет на нем, резвясь, а я тут еще в игры играю...

— Ну что же вы? — открыла глаза Наташа, и в этих глазах я прочел вызов и насмешку.

— Тсс! — сказал я. — Закрой глаза.

Она закрыла. Я наклонился к ней и стал не спеша развязывать этот идиотский пионерский галстук. Снял его, расстегнул пуговицы ее белой форменной рубашки, и тогда она снова открыла глаза:

— Что вы делаете?

— Тихо, солдат, спи. Только спать нужно свободно, вот так. А теперь я начну тебя будить. Только не просыпайся сразу, ты должна проснуться тогда, когда у тебя что-то проснется внутри. Вот когда ты почувствуешь, что екнуло под ложечкой, или под сердцем, или еще где-то — вот тогда я тебя разбудил. Понятно? Спи!

Я дал минутную паузу, чтобы напряглись ее нервишки в ожидании, а потом стал легкими, в одно касание, пальцами гладить ее по плечу, открытой шее, щеке, поправил волосы на лбу и опять стал гладить нежную кожу шеи, хрупкое девчоночье плечико, а затем наклонился к ней почти вплотную, но не целовал еще, а вглядывался в ее закрытые глаза, тревожа ее и возбуждая близостью своего лица. В конце концов, ведь она же не спала. И близость мужчины, его лица, рук, дыхания, его ладонь на оголенных ключицах — она лежала передо мной, как затаившийся зверек с зажмуренными глазами, и, я думаю, ей стало просто страшно лежать вот так, обнаженно-беззащитной, передо мной, взрослым мужчиной. Она даже дышать перестала. И когда я наконец не набросился на нее, а только мягко поцеловал в губы — это было, наверное, как помилование. Она только облегченно перевела дыхание, и ее губы ответили мне легким упругим движением.

Теперь мы целовались всерьез — я обнял ее уже не как солдата, и моя рука властно и спокойно вытащила из ее шортиков низ ее белой рубахи и нырнула к ее груди, к узкому, стягивающему ее грудь лифчику.

— М-м-м... — отрицательно замычала она под моим поцелуем, но я уже нащупал у нее под лопатками застежку и одним движением пальцев расстегнул ненужный лифчик.

— М-м-м... — еще раз слабо сказала она запечатанным моими губами ртом, но моя рука уже была на крохотной, милой, величиной с лимон груди, впрочем, даже и меньше лимона, там и держаться было почти не за что, и я убрал руку, оторвал свое лицо от Наташкиных губ, взял ее под мышки и пересадил к себе на колени. Она была легкая, как кукла.

— Цыпленок, — сказал я. — Давай выпьем. Ты можешь налить мне коньяк, а себе вино.

— А почему мне вино?

— Потому что ты не алкоголик. Коньяк тебе нельзя. Напьешься и будешь тут буянить.

Что-то интимно-доверительное уже связало нас — и поцелуи, которые были отнюдь не актерскими, и моя рука у нее на груди, и даже то, что она без сопротивления вот так сидит у меня на коленях, — все это говорило мне, что я иду правильным темпом.

Мы выпили по рюмке коньяку, и я снова поцеловал ее и понял, что она очень, очень хочет целоваться, — она прильнула ко мне всем тельцем, и я уже без стеснения усадил ее к себе на колени верхом, так, чтобы распахнутые ножки обхватили мои чресла, и ее лобок уперся в моего Брата, скрытого пока за ширинкой. Я обнял ее, не отрывая губ в поцелуе. Бледное личико с закрытыми глазами прерывисто дышало мне в лицо, наши губы не разрывались, а мои руки буквально вдавливали ее лобок и животик в мои чресла. Затем, остановившись, я снял с себя рубаху и с нее рубашку («Живо! Живо! — сказал я ей. — Это мешает!»), и теперь мягкие упругие шарики ее девчоночьей груди прижимались к моей груди. Я лег на диван, положил ее на себя. Теперь этот цыпленок был как бы хозяином положения, я это сделал для того, чтобы не пугать ее, чтобы ей было спокойнее. Мы целовались, я гладил ее плечики, спинку, я распустил ее косички, перевернул ее на спину и щекотал свое лицо ее волосами, а мои руки укрыли ладонями ее грудки, а затем одна рука нырнула вниз, к ее шортикам, и стала расстегивать пуговички у них на боку.

Наташка слабо сопротивлялась. Я тихо сказал:

— Ну, подожди, подожди, не бойся...

Я снял с нее шорты, она осталась в одних тоненьких трусиках. Голая, в одних прозрачных трусиках, она повернулась ко мне:

— Мне холодно.

Ее действительно бил озноб — не то от возбуждения, не то она действительно замерзла.

Я поднял ее и перенес в кровать, укрыл одеялом, как ребенка, до подбородка, а затем, одним движением сбросив с себя штаны и трусы, голый нырнул к ней под одеяло. Она отшатнулась к стене, но я уже обнял ее, прижал к себе, и ее узкое тельце вытянулось вдоль моего тела тонкой змейкой, и мой Брат оказался где-то под ее коленками.

Мы целовались. Ее глаза были плотно закрыты, но наши губы уже давно поняли свою несложную работу, они то ласкали друг друга с голубиной нежностью, то впивались друг в друга с мощью вакуумного насоса, а то и просто кусались — губы кусали губы. И снова — жадные, взасос, поцелуи.

Наташка уже тяжело, прерывисто дышала, ее тело будто вибрировало в моих руках от толчков ее возбужденного сердца, живота, груди, а я периодически отрывал от себя ее губы и целовал в плечи, грудь, живот. Для этого мне не приходилось наклоняться к ней под одеяло — мы его уже давно сбросили, а я просто брал ее под мышки и поднимал над собой, поднося к губам то ее маленькие грудки, то плечи, то живот, а то курчавый, в мелких золотых кудряшках лобок. Как ловкий парикмахер водит бритву по точильному камню, так я водил ее, невесомую, по своему телу, целуя и возбуждая все, что попадало на губы, — упругие коричневые сосочки, туго свернутый и утопленный в крохотную ямку пупок и его окрестности и курчавый лобок с крохотным, почти неразвитым клитором. Губы ее влагалища были закрыты, как створки раковины, — ни губами, ни языком я не мог даже приоткрыть эти узкие подушечки. Когда мой язык касался теплых сжатых губок, Наташка вздрагивала и замирала надо мной с застывшим дыханием, и уже ни одна жилка не трепетала на ее теле у меня под руками. По-моему, у нее просто останавливалось сердце в этот момент — от страха, от возбуждения, от наслаждения.

И тогда я медленно развернул ее над собой, обратив ее голову к своему вздыбленному Брату. Я уложил ее на себя, взял за руки и этими детскими ладонями заставил обнять моего Младшего Брата, и почти тут же почувствовал на нем ее маленькие горячие губки. Держась за него двумя руками, как за пионерский горн, она целовала его, а потом... Право, это было похоже на то, как годовалые младенцы присасываются к бутылке с соской, — Наташка двумя руками, в обхват, держала моего Брата и старательно, причмокивая, сглатывая слюну, сосала его. Мне было не столько приятно, сколько смешно, и через пару минут я прервал эту процедуру. Теперь, обсосанный и влажный, мой Брат был готов к следующей операции. Я снова поднял Наташку на руках, развернул лицом к себе, поцеловал в горячие влажные губы и просил:

— Ты не боишься?

Она молчала, не открывая глаз. Может быть, она и не понимала, о чем я спрашиваю, или вовсе не слышала меня, но второй раз я не стал спрашивать, я взял ее за ноги, укрепил левую ступню у своего правого бедра и правую возле левого и усадил ее тельце на корточки прямо над своим Младшим Братом. А затем, держа ее за крохотные, узенькие бедра, стал приближать ее к нему, и, когда то, что я называю своим Младшим Братом, коснулось ее Младшей Сестры, я почувствовал, как Наташка окаменела в моих руках, съежилась, худенькие локотки естественным порывом прижались к животу.

— Не бойся, — сказал я. — Не бойся. Сейчас ничего не будет. Это не бывает так. Не бойся. Просто пусть они целуются потихоньку...

Худенькая, крохотная, она легко приподнимала свое тельце надо мной и так же медленно опускала его, и крохотные губки ее Сестренки действительно только целовали моего Брата мягким касанием. А я держал ее талию в обхват, помогая ей совершать эти ритуально-замедленные движения и наблюдая за ней. Она дышала в такт движениям. Глаза закрыты, влажные губки приоткрыты, а белые, будто молочные, зубы поблескивают в темноте, и старательное тельце настороженно, чутко опускается до дразняще-рокового предела.

Но я не спешил перейти эту роковую черту, я размышлял. Я лежал под ней, слушая и чувствуя, как прерывисто, напряженно дышит это возбужденное тельце, ощущая, как уже поддались, раскрылись губки ее Сестренки и мой Брат упирается теперь во что-то более жесткое. Я понимал, что в любой момент могу уже просто сломать ей целку, трахнуть, сделать женщиной. Но я размышлял. Трусость. Обыкновенная трусость стучала в мой мозг голосом так называемой совести. «Нужно ли? Зачем тебе это? — говорил я себе. — Подумай, что будет завтра, если кто-то узнает, если дойдет до студии, — ведь с работы выгонят, под суд отдадут за растление малолетних, десять лет тюрьмы — за что? Вот за эту целочку? Да зачем тебе это? Прекрати, остановись...» Но руки... мои руки продолжали свое дело, а голос восставшего Младшего Брата был уже выше разума. Наташа упала мне на грудь, прошептала:

— Я устала...

Я поцеловал ее нежно, как дочку. А потом, притихшую и усталую, уложил на спину рядом со мной, приподнялся над ней и, опираясь на руки, лег на нее, ногами разведя в стороны ее худенькие ножки. Она пробовала сжать эти ноги последней, безнадежно-покорной попыткой, но я сказал: «Подожди, не мешай, все будет хорошо» — и руками еще приподнял ее коленки, чтобы открыть своему Брату прямой путь. Теперь он, мой Брат, мягко наплывал на нее, влажно касался теплых губок и властно, настойчиво, но и не спеша вжимался в ее крохотную, еще закрытую щель. Я чувствовал, что уже на пределе, и только каким-то особым усилием воли переключил свое внимание на что-то постороннее.

Тихое, вздрагивающее, ожидающее боли существо лежало подо мной с плотно сжатыми веками, с разметавшимися по подушке льняными волосами, с открытыми губами, тонкой шейкой, хрупкими плечиками и неровно дышащей грудью. «Кончи ей на живот! — кричал я себе. — Кончи ей на живот и не мучайся! На кой хер тебе все это нужно — ведь ты не войдешь сейчас туда, целую ночь промучаешься и не войдешь...»

Но тут новый прилив похоти горячим валом отшвырнул эти мысли, мой Брат напрягся очередным напором крови, и я, уже не раздумывая, управляемый больше не мозгом, а темным и древним инстинктом, стал всей силой ног и бедер внедрять своего Брата в приоткрытые губки ее щели. Если кто-нибудь утверждает, что человечество уже вышло из пещерного возраста, — не верьте. Разве не об этом пещерном моменте насилия над девственностью мечтает каждый мужчина?..

Наташа застонала, я тут же перехватил ее рот рукой и зажал его ладонью так, чтобы позволить ее зубам впиться мне в ладонь, если ей будет уж очень больно, а она заметалась головой по подушке, но я и это остановил и только слышал из-под ладони ее стон, а между тем мой Брат продолжал напористо и мощно раздвигать устье ее щели. Я чувствовал, как внутри этой щели какие-то хрящи неохотно раздвигаются, раздвигаются и наконец — о, фантастически божественный, сказочно сладостный миг ПРОНИКНОВЕНИЯ. Я не почувствовал ни как я порвал ее пленочку девственности, ни как она вскрикнула под моей ладонью — я ощутил такое безмерное блаженство от теплой, горячей плоти вокруг моего члена, что в ту же секунду и кончил, едва успев выдернуть Брата из ее тела. Мощные приливы спермы выхлестывали из него с такой силой, что залили ей шею, грудь, подбородок. Затем, когда я упал рядом с ней на постель, нащупал рукой полотенце в изголовье кровати и стал вытирать им ее и себя, я увидел кровь на своем Брате — ее кровь.

Да, это и есть момент истины — то, что осталось в нас от прапредков, — войти, вломиться в тело другого человека и омыть себя не только плотью его, но и кровью. Может быть, поэтому так тянет мужчин к девчонкам — омыть свой член молодой горячей кровью...

Наташка лежала на боку, отвернувшись от меня лицом к стене, я с силой привлек ее к себе и стал целовать влажные от слез глазки. Через несколько минут эти поцелуи стали взаимными, она отвечала моим губам и снова прижималась ко мне всем тельцем, как тонкий шнурочек, и уже что-то родное, трогательно свое было в этой девочке, и спустя еще минут пять мой безумец встал снова и позвал меня в новый бой.

На влажной, окровавленной простыне я снова имел ее — уже женщину. Еще не до конца раздвинутые хрящики ее щели сжимали моего Брата судорожно обхватывающим сжатием, и я чувствовал, что ей еще больно, невозможно принять его целиком, что я порву все ее внутренности, если сразу войду до конца, но минута за минутой я погружал его все глубже и уже учил ее:

— Помогай, помогай мне бедрами. Вот так... А теперь иди наверх, да, иди наверх, детка...

Тихий рассвет утопил в небе звезды, сиреневый свет лег на зеленое море, и новая женщина родилась в эту ночь на моих окропленных кровью и спермой простынях.

Я слышал, как скрипнула дверь Валиной комнаты, как тихие шаги прозвучали в коридоре и осторожно стукнула входная дверь, а потом за окном пробежали легкие шаги — это Валя выпустила своего олененка.

— Пора, — сказал я Наташке. — Уже светает. Тебе пора.

Бледная, с огромными глазами на белом личике, она встала с постели и пошатнулась — я еле удержал ее. Потом, беспомощную, словно пьяную, я сам одел ее в трусики, шорты, рубашечку и сам завязал на ее груди алый пионерский галстук.

— Держишься? — Я развел руки в стороны, проверяя, может ли она самостоятельно держаться на ногах. Держалась. Я вложил ей в руку туфельки на высоких каблуках: — Ну, беги! Придешь сегодня ночью.

Она поднялась на цыпочки, поцеловала меня в губы, и ее глаза зажглись озорным веселым блеском.

— Спасибо, — сказала она с улыбкой. — Вы знаете, я была единственной девочкой в нашем отряде, и они все смеялись надо мной. А теперь... Спасибо!

Она чмокнула меня еще раз и, держа в руке свои туфельки и чуть поморщившись от боли внизу живота, пошла из комнаты. Я проводил ее до выхода из коттеджа, открыл ей дверь и еще долго смотрел вперед, как без оглядки, чуть наклонившись тельцем, она бежала от меня по аллейке к морю, к палаткам своего отряда. Потом я вернулся в коттедж и голый, в одних плавках, вошел в Валину комнату.

Валя лежала в постели, прикрытая простыней до груди, и глаза ее светились мягким блеском сытой разнеженной кошки.

— Ну как? — спросил я.

— Иди сюда, — позвала она.

Я улыбнулся, подошел к ней и рывком сбросил с нее простыню.

Полное плоти, налитое женское тело, еще теплое от предыдущей похоти, лежало передо мной и тянуло ко мне свои смеющиеся руки.

Через час или полтора звонкая дробь барабана и веселый пионерский горн разбудили нас. Мы оделись и пошли на море искупаться. Одетые в униформу пионерские отряды бодро маршировали мимо нас на общее построение лагеря, как полки на параде. 12-й отряд старшеклассников — сто двадцать девочек и сорок мальчиков — звонкими голосами пел детскую песенку: «Антошка, Антошка, пойдем копать картошку!» Мы с Валей остановились, пропуская их. Сто двадцать юных девчонок шли мимо нас стройными рядами, высоко вскидывая тонкие девчоночьи ноги, и ни одна из них уже не была девочкой.

Глава 9

60 ТЫСЯЧ МОСКОВСКИХ ПРОСТИТУТОК

> Волшебно озирался сад,
> Затейливо, разнообразно;
> Толпа валит вперед, назад,
> Толкается, зевает праздно...
> Венгерки мелких штукарей...
> Крутые жопочки блядей,
> Толпы приезших иноземцев,
> Татар, черкесов и армян,
> И долговязых англичан —
> В одну картину все сливалось
> В аллеях тесных и густых
> И сверху ярко освещалось
> Огнями склянок расписных...
>
> *М. Лермонтов,*
> *«Петербургский праздник»*

Я где-то читал, что самая знаменитая улица проституток на Западе — это какая-то Сорок вторая улица в Нью-Йорке, что там, мол, на каждом шагу публичные дома, проститутки открыто стоят на улице и еще вручают прохожим пригласительные билетики в свои заведения. Но у нас такого, конечно, нет.

Проституцию в СССР «упразднил» товарищ Сталин. В 1936 году, вводя в стране «Конституцию победившего социализма», Сталин одновременно изъял из уголовного кодекса статью, по которой судили за проституцию. В стране победившего социализма нет социальных причин для проституции и, следовательно, нет проституции, решил он.

С тех пор тысячи проституток занимаются своей профессией, зная, что судить за проституцию их не могут, — нет такой статьи в советском Уголовном кодексе. Максимум, что может сделать против них милиция, это придумать какой-нибудь другой повод для ареста — тунеядство, хулиганство, нарушение общественного порядка. Но придумывать, а затем доказывать в суде липовые причины для заключения в тюрьму — дело хлопотное. Особенно если имеешь дело не с диссидентами, которых несколько десятков, а с проститутками, которых в Москве... сейчас подсчитаем сколько.

Конечно, официальных данных о численности проституток в Москве нет. Ольга — мой соавтор по этой книге и адвокат по профессии — говорит, что только в одной Москве на учете в специально созданном секретном отделе по борьбе с проституцией при Московском управлении милиции стоят на учете 60 тысяч женщин, занимающихся теми или иными видами проституции.

Что же это за бабы? Богатый русский язык позволяет делить их по категориям и классам и создать некое подобие иерархической лестницы. Начнем снизу вверх.

На самом социальном дне стоят так называемые шалавы — грязные, вечно полупьяные, бездомные проститутки, которые делятся на шалав вокзальных и шалав парковых. Это людское отребье занимается сексом чаще всего даже не за деньги, а за стакан водки или пару стаканов дешевого портвейна...

На следующей ступени стоят шлюхи, которые тоже делятся на вокзальных, парковых, подзаборных и уличных. В отличие от шалав лица у них не всегда в синяках, их одежда не всегда порвана или грязна, их чулки не всегда спущены на туфли, и они не волокут в руке, как шалавы, тяжелую кошелку, набитую всяким мусором. Шлюхи не побрезгуют выпить с пьяным мужиком стакан водки за мусорным ящиком на вокзале, шлюхи, как и шалавы, могут прилечь в парке на скамейку или отдаться вам прямо на шпалах под железнодорожным вагоном или в любом подъезде, но при этом плата не может быть меньше трех — пяти рублей...

Выше шлюх стоят бляди — уличные, курортные, гостиничные, железнодорожные, пароходные, столичные, пригородные, поселковые, киношные, театральные... Как видите, география расширяется по мере продвижения вверх по социальной лестнице. Прилично одетую блядь можно найти везде — на улице, в курортных загородных зонах, в гостиничных вестибюлях, в поездах дальнего следования, в кинотеатрах и театральных фойе...

Бляди — это, пожалуй, самый демократичный (в смысле — самый широкий) слой в общем числе советских проституток. Над блядями стоят только проститутки и патентованные проститутки, т. е. обладательницы «патента» на занятие своим ремеслом. Иными словами — проститутки по обслуживанию иностранцев, сотрудничающие с КГБ.

Обе эти категории, в свою очередь, подразделяются на курортных, гостиничных, светских, правительственных и дачных... Итак, даже при беглом перечислении я насчитал около тридцати разрядов, но уверен, что картотека московской милиции насчитывает таких подразделов куда больше. Скажем, отдельный шкаф там должны занимать карточки проституток-мужчин, проституток-лесбиянок, проституток-надомниц и так далее. Если иметь в виду, что население Москвы — девять миллионов человек и еще ежедневно в Москву приезжают и уезжают два миллиона провинциалов, то, как вы понимаете, будет весьма скромно бросить по паре тысяч человек на каждый подраздел вышеуказанной шкалы проституток. Всего две тысячи вокзальных шалав в городе, где 9 крупнейших железнодорожных вокзалов, два речных вокзала и четыре аэропорта? Да конечно же, вокзальных шалав в Москве куда больше! Кроме того, в Москве после 1978 года прошли всемирная спортивная Олимпиада, Всемирный фестиваль демократической молодежи и другие массовые форумы, которые всегда привлекают в Москву провинциальных проституток — на заработки.

Таким образом, цифра в 60 тысяч кажется мне весьма скромной, и найти в Москве проститутку сегодня не составит труда. Я думаю, это очень ценная информация для сотен американских бизнесменов, которые после встречи в Женеве американского президента и советского генсека немедленно ринулись в Москву устанавливать деловые контакты с Россией.

Но рассказывать о быте каждого из перечисленных выше разрядов московских проституток — дело скучное. На любом московском вокзале в любое время дня и ночи вы можете сами подцепить шалаву, шлюху, блядь или даже настоящую проститутку — в зависимости от меры вашего нетерпения, остроты любопытства и толщины кошелька. Особых впечатлений я вам тут не обещаю — ни в кустах привокзального скверика, ни под вагоном на запасных железнодорожных путях. А вот подхватить гонорею тут проще простого...

Для западного любителя русской экзотики куда интереснее, мне кажется, несколько кланов проституток, которые специфичны только для Москвы и Ленинграда. Например, клан прелестных 20—25-летних девочек, работающих в паре с водителями и обслуживающих командированных провинциалов. Мне кажется, что на Западе нет такого сексуального сервиса — «проституция в такси», это чисто советское изобретение, возникшее как результат жилищного кризиса и суровых гостиничных законов. Что же это за «сервис» и что это за девочки? Чаще всего — это девочки из рабочих семей, московских окраин. Их совершенно не влечет тянуть, как родители, рабочую лямку на заводе. Строить коммунизм, выполнять свой общественный долг, работать для светлого будущего или, как говорил молодежи Ленин, «учиться, учиться и еще раз учиться» — вся эта шелуха правительственной пропаганды пролетает мимо их сознания, как свист чайника на кухне, — при первых же звуках этих нотаций они просто отключают свое сознание. Ежедневно они устремляются из стандартных московских окраин в центр Москвы, где есть пусть убогие, но все же развлечения: кафе, рестораны, такси, мужчины в собственных автомобилях. Если в любое время дня вы заглянете в кафе «Север» на улице Горького или в кафе «Метелица» на Новом Арбате, вы увидите сотни таких 16—17-летних дочерей московского пролетариата. Они сидят там часами за одним бокалом лимонада, с сигаретой во рту, их взгляд устремлен куда-то в пространство. Это еще не проститутки, но любую из них вы можете соблазнить прогулкой на автомобиле, вечеринкой в веселой компании, ужином в ресторане. Через пару месяцев, пройдя через дюжину «веселых» компаний, эти девочки выйдут на панель и станут работать профессионально. Но привести клиента к себе домой они не могут — они по-прежнему живут с родителями где-нибудь на окраине Москвы, а снять квартиру или хотя бы комнату в Москве — дело почти немыслимое. Во-первых, из-за жилищного кризиса свободных квартир в Москве практически нет, а во-вторых, чтобы снять квартиру или комнату, нужно иметь разрешение милиции. Но девочки, занимающиеся проституцией, не пойдут, конечно, в милицию за разрешением на аренду квартиры в центре Москвы...

Не менее сложное положение и у прибывшего в Москву командированного мужчины, потенциального клиента этих девочек. Чаще всего это провинциальный аппаратчик среднего ранга. Даже если ему удалось поселиться в отдельном номере, гостиничные правила запрещают приводить в номер гостей после 10—11 вечера. Контроль осуществляют специальные дежурные, которые сидят на каждом этаже в гостинице и записывают в особый журнал, что такой-то из такого-то номера привел с собой гостью во столько-то. И ровно в 9.55 вечера эта дежурная позвонит в номер и скажет: «Ваша гостья должна покинуть гостиницу ровно через пять минут!» Впрочем, получить отдельный номер в московской гостинице аппаратчику среднего ранга крайне трудно, и чаще всего он живет в так называемом общем номере — там подчас 10, а то и 15 коек в одной комнате. Значит, привести девочку к себе в номер командированный мужчина тоже не может. Но как же быть, если очень хочется?

Как говорят в России, голь на выдумку хитра. Проститутки объединяются с шоферами такси и работают, так сказать, «в тандеме». Она кадрит клиента в вестибюле гостиницы или возле нее, сажает его в такси, и шофер такси везет их за город и при появлении первого же московского лесочка сворачивает с шоссе на обочину, к лесной опушке. Здесь он останавливает машину и уходит на полчасика «цветы собирать». Девочка остается в машине или, если погода хорошая, стелет рядом с машиной одеяльце и обслуживает клиента на лоне чудной подмосковной природы и под тихий стук счетчика такси. За час такой работы такса проститутки — десять рублей, плюс клиент обязан оплатить все, что настучало на счетчике. Выручку проститутка и шофер чаще делят поровну...

Другая пикантная и столь же по-советски оригинальная разновидность проституции — это юные минетчицы в парке культуры и отдыха имени Горького, в парках «Сокольники», Бауманском... Каждый вечер в этих так называемых парках культуры и отдыха многолюдно лишь в двух «зонах активного отдыха» — в аллее, где режутся в «козла» пенсионеры-доминошники, и на танцплощадке. На танцплощадке — обнесенном высоким забором деревянном возвышении — каждый вечер гремит джазовая музыка, кто-то танцует, а кто-то, стоя в стороне, с независимым видом лузгает семечки и сплевывает шелуху на пол. Девочки — от двенадцатилетних прыщавых школьниц и старше. Мальчишки, шпана, полупьяные подростки лет по шестнадцать—восемнадцать. Мат, нередки драки и поножовщина.

И здесь же, за забором или даже на самой танцплощадке, прогуливаются с независимым видом все те же командированные или приехавшие из провинции туристы. Ведь каждый день в Москву приезжает почти два миллиона человек, из них 70—80 процентов — мужчины, и по вечерам они растекаются по местам увеселений, которых в Москве практически нет, и глаза их с жадным любопытством и провинциальным страхом смотрят на разбитных парковых девочек в коротеньких юбках, с сигаретой во рту. И хочется такому командированному московскую девочку трахнуть, столичную, и колется — и денег жалко, и главное боится триппер домой привезти. А природа бунтует тем временем в крови, природа, согретая двумя-тремя стаканами дешевого портвейна в кафе «Отдых», требует своего, вечного...

И вот тут выходит на такого провинциала существо абсолютно безопасное — тринадцатилетняя девочка с невинными глазами и пухлыми губками. И говорит прямо в лоб, без обиняков:

— Дядя, у тебя ширинка сейчас лопнет. Хочешь, пососу?

«Дядя» аж потеет от такого предложения, но детские глаза смотрят открыто и в упор, и ротик улыбается насмешливо:

— Пойдем за кустики, я тебя облегчу. А то у тебя сейчас яйца лопнут...

Послушный «дядя» изумленно идет за кустики, девочка становится перед ним на коленки, расстегивает своими ручонками пуговицы мужской ширинки и своим пухлым детским ртом приступает к делу. Ошалелые от этого детского «сервиса» провинциалы не выдерживают и тридцати секунд. А девочка, сплюнув сперму и утерев розовые губки, говорит, поднимаясь с колен:

— Троячок с тебя, дядя, трюльник.

Впрочем, минетят и дешевле — за пачку иностранных сигарет, за болгарские колготки, за жвачку, за карандаш для бровей, а то и просто даром. Как я уже писал, в нашу молодежную телевизионную редакцию регулярно поступали сведения о подростковой преступности, и так мы узнали о несовершеннолетних минетчицах в парке «Сокольники». Позже, когда их арестовала милиция, медицинская экспертиза установила, что все они — все сорок — девственны. Часть из них, уже как бы «неисправимо присосавшихся», отправили в подмосковную спецколонию для несовершеннолетних преступниц, и там они, конечно, завершают свое сексуальное образование в полном объеме, растлевая друг друга. А когда им удается ускользнуть от ленивых сторожей за пределы колонии, они тут же насилуют первого попавшегося на пути мужчину — валят на землю, связывают, обнажают пенис и возбуждают его, а затем обвязывают веревочкой у корня, чтобы не опал, и насилуют все по очереди до тех пор, пока сторожа и воспитатели колонии не загонят их назад, в колонию. Поэтому колхозники окружающих сел уже боятся приближаться к этой колонии на расстояние 5—6 километров...

Однако все разновидности советской проституции при всех их экзотических для иностранцев особенностях — все эти разновидности, на мой взгляд, есть лишь вариации самой древнейшей профессии в условиях развитого социализма.

Между тем социализм может похвастать созданием совершенно нового вида сексуального удовольствия, недоступного западной цивилизации ни за какие деньги. Секс в очередях — я могу поспорить на двадцать проституток против одной вокзальной шалавы, что на «загнивающем от разврата Западе» даже не подозревают об этом виде секса. Это изобретение чисто наше, советско-пролетарское. Потому что только в стране пролетарской диктатуры и советской власти и под мудрым руководством Коммунистической партии можно ежедневно на территории всей страны выстраивать весь народ в километровые очереди возле магазинов.

Тысячные очереди ежедневно выстраиваются прямо на Красной площади, в ГУМе — Главном универсальном магазине страны — за импортными кофточками и косметикой. Огромные очереди вырастают у мясных магазинов, едва появляются в продаже сосиски и мясо. А дальше, за пределами Москвы, — как поют в песне, «от Москвы до самых до окраин», — очереди стоят за всем — за маслом, за гречкой, за сахаром, за молоком, за луком. Мой дядя-пенсионер ежедневно встает в пять утра и идет занимать очередь во всех окрестных магазинах: в одном — за полкило масла, в другом — за картошкой, в третьем — за мясом и т. д. Его ладони всегда испещрены записями химическим карандашом — это цифры его номеров в этих очередях, они всегда трехзначные... Так вот, в этих стабильных многолетних очередях достигается такая плотность людей, такая тесная пролетарская сплоченность, что она родила этот новый вид сексуального удовольствия, точнее, новых сексуальных маньяков — «грельщиков». «Грельщики» — это мужчины, которые стоят в очередях не для того, чтобы купить импортную косметику или полкило мяса, а для того, чтобы как можно плотней прижаться к стоящей впереди женщине (или мужчине, это уже иная разновидность), упереться ей в зад своим напряженным под брюками пенисом и так греться и тереться часами, пока движется очередь. Кончилась одна очередь — пошел в другую, пристроился к другому заду и опять греется и трется в полное свое удовольствие совершенно бесплатно, как и полагается при социализме.

Теперь, когда я бегло рассказал о вкладе социализма в мировое развитие секса, вернемся к обычной проституции, которую, как оказалось, невозможно упразднить ни сталинским указом, ни принудительным повсеместным изучением «Морального кодекса строителя коммунизма». Впервые я встретился с проститутками в городе Ленинграде, на Невском проспекте, в скверике у памятника русской императрице Екатерине Второй. Мне было неполных восемнадцать лет, я приехал в Ленинград и в первый же день пошел гулять по центральной улице города — Невскому проспекту. Был яркий солнечный день, десятки красивых девочек гуляли по проспекту, завихряясь в короткие очереди у кафе и ресторанов. Но я был постуденчески беден и не мог пригласить ни одну из них ни в ресторан, ни в кафе, а потому, устав от бесперспективной прогулки, свернул в первый попавшийся скверик и сел на свободную скамью. Посреди сквера стоял высокий темно-зеленый памятник Екатерине Второй. Толстая похотливая баба

с круглым порочным лицом и отвисшими медны-
ми щеками, знаменитая русская императрица, тра-
хавшая своих офицеров, возвышалась над зеленью
сквера, а под ней... Батюшки-светы! Только усев-
шись на скамью и опустив взгляд с русской императрицы на грешную землю, я увидел то, что
поразило мое мальчишеское воображение.

Густым хороводом кружили вокруг памятника
тридцати- и сорокалетние проститутки, а за ними
почти вплотную шли моряки, солдаты, штатские
командированные с портфелями и без таковых. Несколько коротких женских реплик через плечо, и
вот уже из второго мужского ряда кто-то делает
рывок вперед, берет под локоток свою избранни-
цу, и они отваливают к выходу из сквера, а вокруг
памятника длится кружение, вот двое солдат при-
строились сзади к трем проституткам, поговорили
и отстали, не сошлись в цене, наверное, и под-
строились к другим, а вместо солдат к тем, доро-
гим, подошли офицерики-лейтенанты и увели сразу
всю троицу. А в сквер вливаются все новые силы,
и тут же, если фигурка у проститутки ничего, со
скамеек встают лениво покуривающие офицеры и
устремляются в атаку — иногда просто наперебой.
Я помню, как вот так же вошла в этот сквер совер-

шенно роскошная баба, тридцатилетняя жгучая брюнетка, с полными бедрами на высоких красивых ногах, с грудью — мечтой матроса — и мраморной шеей над вырезом черного платья. Насмешливо улыбаясь, она шла одна, держа на согнутом локте дамскую сумочку, а в другой руке — веер. Как воробьи на зерно, как собаки на жирную кость, кинулись к ней солдаты, матросы и командированные, но тут же отскакивали с уныло опущенными плечами и погасшим взглядом. Кто-то рядом со мной проворчал на скамейке: «Полтинник стоит, сучка!» А она продолжала идти по круглой аллее, вдоль скамеек, на которых сидели мужчины, и при ее приближении каждый член вскакивал как по команде «смирно». Пава, королева разврата, принимала парад мужской похоти под сенью надменно улыбающейся развратной императрицы. Злыми, завистливыми глазами провожали ее остальные проститутки, очередные смельчаки матросы набегали на нее, но тут же отскакивали от такой немыслимой в те годы цены — 50 рублей, а она все плыла, как флагман, как неприступный крейсер. И когда последние смельчаки отошли от нее, отлипли и она осталась одна, недоступно-дорогая и соблазнительно-красивая, с дальней скамьи поднялся сорокалетний морской офицер с нашивками капитана дальнего плавания и золотым кортиком у пояса. Я видел, как, вставая, он загасил сигарету, коротким жестом оправил китель и спокойной, властной походкой пошел навстречу этой Кармен. Теперь весь сквер следил за ними. Вот они сблизились, она вскинула на него свои насмешливо-темные глаза, смерила его взглядом от головы до золоченого кортика и коротко сказала что-то, скорей всего свою цену: 50 рублей. Он кивнул, пренебрежительно и легко, и тут же взял ее под оголенный локоток и так, под ручку, повел ее из сквера — думаю, прямо на свой корабль.

Площадь сникла. Словно кончился выход талантливой солистки и на сцене опять продолжалось течение рутинного спектакля.

Я встал. Потной рукой сжимая в кармане единственную десятку, я уныло побрел по Невскому проспекту и в какой-то первой попавшейся закусочной заказал себе рюмку коньяка и апельсин. И сидя над дольками этого оранжевого апельсина, я дико, до злости, завидовал этому самоуверенному, красивому и богатому капитану дальнего плавания, который может вот так легко и насмешливо взять себе самую дорогую ленинградскую проститутку и в трехкомнатной капитанской каюте с мягкой мебелью и белым роялем *иметь* это сочное, развратное тело. Мое злое, разгоряченное воображение рисовало дразнящие картины их похотливой ночи на корабле, тихо качающемся в волнах ленинградской гавани...

Я допил коньяк, изжевал апельсин и побрел на Литейный проспект к трамвайной остановке, и тут, на трамвайной остановке, какая-то худенькая, озябшая от вечерней сырости пигалица попросила у меня сигаретку. Я отдал последнюю сигарету, чиркнул спичкой и взглянул ей в лицо. Ей было лет девятнадцать, синие глаза смотрели на меня в упор, испытующе.

А трамвая все не было. Мы молча курили одну сигарету на двоих, и я видел, что сигарета ее не греет, что ее худенькие плечики зябко жмутся под «плечиками» платья. Мне показалось, что я видел эту фигурку на Невском, в скверике у памятника Екатерине на одной из дальних скамеек.

— Пошли пешком, — сказал я решительно и взял ее под локоть.

Она не противилась, и мы молча двинулись вперед, вдоль трамвайных рельсов, и тут я заметил, что она — хромоножка, и уже стал томиться и стесняться этого, но в эту минуту она вдруг освободила свой локоток и худенькой рукой обняла меня за талию, а мою руку положила себе на бедро. Теперь мы шли как бы обнявшись, но все так же молча, и я все не мог приноровиться к ее прихрамывающей походке. «Конечно, все, что ты можешь себе позволить, — вот эта, никому не нужная хромоножка», — уничижительно думал я про себя. Сзади шумный грохот трамвая догонял нас.

— Побежали! — сказал я ей и потянул ее к ближайшей трамвайной остановке, но она вдруг сказала:

— Мы уже пришли.

И, не убирая руки с моей талии, подвела меня к какому-то подъезду. Крутая обшарпанная лестница в шесть этажей. Моя хромоножка взбиралась все выше и выше, не отпуская моей руки, и я шел за ней, предчувствуя какое-то тревожное, недоброе событие, страшась его, но и стесняясь проявить свой страх. На последнем, шестом этаже она не задержалась, а повела меня еще выше, к короткой лестнице на чердак. Пыльный, захламленный чердак, освещенный сквозь разбитое чердачное окно отблеском уличных фонарей, — я остановился впотьмах, ожидая удара в челюсть или ножа в спину. Но что им брать с меня? А хромоножка, уверенно перешагнув через какие-то тряпки, повела меня еще дальше, в угол. Здесь, в углу, стоял какой-то старый, колченогий лежак, и она быстро легла на него и потянула меня к себе:

— Иди сюда!

И сама проворно расстегнула мне пояс и ширинку... Где-то там, в гавани, покачивался на волнах или даже по приказу капитана вышел в открытое море роскошный корабль, и в его капитанской каюте с мягкой мебелью и белым роялем бравый и богатый капитан дальнего плавания имел сейчас роскошную пятидесятирублевую проститутку, и по Невскому проспекту гуляли такие же дорогие и такие же роскошные девочки, и в гостиницах «Астория», «Европейская», «Балтийская» и многих других богатые командированные на кроватях стиля ампир трахали тридцати-, сорока- и пятидесятирублевых проституток, распивая в антрактах коньяк и шампанское, и валютные кагэбэшные бляди в интуристовских отелях обслуживали иностранцев по классу «люкс», и новые пятидесятирублевые шлюхи кадрили у памятника Екатерине своих капитанов, чтобы выйти с ними в открытое море любви и секса, а я был здесь, на грязном чердаке, на колченогом скрипучем лежаке со своей хромоножкой, которая отдавалась мне ни за что — за несколько затяжек сигареты. Но как отдавалась!

Пусть уходят в море роскошные лайнеры с роскошными пятидесятирублевыми блядями, пусть профессионально обученные кагэбэшные минетчицы сосут американские и французские члены, и пусть сама императрица Екатерина трахается с гвардейскими офицерами на царском ложе — я в этот момент уже не завидовал им и не променял бы ни на какую валютную блядь свою хромоножку. Ее неистовая сиреневая штольня, горячее дыхание, заломленные руки, пружинистое худенькое тело, сумасшедшие губы и беспутные ягодицы, ее крохотная грудь с упругими сосками и крепкие, хоть и неравные, ноги, ее бешеное вращение бедрами под моим Братом и мускулистые, емкие губы ее щели, сжимающиеся при выходе и расслабляющиеся при входе... Да, с тех пор я презираю секс за деньги, и какой бы роскошной ни была с виду проститутка, я всегда ей предпочту вот такую любовь — за последнюю сигарету, выкуренную на двоих.

Можно ли получить женщину за такую цену в какой-нибудь другой, кроме России, стране — этого я не знаю.

Глава 10

ОРГИИ ПО-РУССКИ

> ...Держись, отважная красотка!
> Ужасны молодцы мои,
> Когда ядреная чесотка
> Вдруг нападет на их...
> Они в пылу самозабвенья
> Ни слез, ни слабого моленья,
> Ни тяжких стонов не поймут.
> Они накинутся толпою,
> ... поднявши словно к бою,
> ... нащупавши рукою,
> И насмерть деву...
>
> *М. Лермонтов, «Уланша»*

Я уже говорил, что я против свального греха. Однако и мне пришлось несколько раз принять участие в оргиях. Я имею в виду не банальные пьянки с групповым сексом, а нечто более колоритное, русское. Например, русскую баню.

Было это все в той же Горьковской области, на берегу великой и могучей реки Волги, но уже зимой, во время съемок многосерийного телевизионного фильма. Однажды обком комсомола пригласил нашу группу выступить перед колхозниками передового колхоза имени Гагарина. Был подан автобус к гостинице, и вот режиссер, несколько актеров и актрис, кинооператор и я в сопровождении двух секретарей обкома партии поехали с шефским концертом к ударникам сельского труда. Ехали долго — часа четыре. Плохая, заснеженная сельская дорога то пробивалась через лес, то выскакивала на забеленные снежные поля, но очень скоро стемнело дочерна, печальные красоты русской природы утонули во мраке, и казалось, что наш автобус никогда не доберется до этих ударников. Но два наших комсомольских лидера подбадривали нас:

— Ничего, ничего! Скоро приедем! Вы знаете, как вас ждут? Там вам такую встречу готовят!

Приехали наконец. Колхозная усадьба — огромная деревня — утопала в снегу и мраке, и только двери сельского клуба были освещены рыжими электрическими лампочками.

— Только недолго выступайте, — предупреди-
ли нас комсомольские вожди. — Минут двадцать.
А потом поедем в одно место, не пожалеете! — И
загадочно улыбнулись при этом.

В клубе местная молодежь лузгала семечки и
глазела на хорошеньких актрис и малоизвестного
актера. Во время выступления наши комсомольские гиды шептались о чем-то с руководителями
колхоза и подавали нам из-за сцены знаки — мол,
короче, быстрей, закругляйтесь.

Ну, мы закруглились — быстро отбарабанили
каждый две минуты какой-то ерунды, рассказали о фильме, который мы снимаем, и о тех сери-
ях, которые мы сняли раньше и которые все они
уже видели, но, мол, вот мы теперь живьем перед вами — те, кто делает этот фильм, и вы можете посмотреть его еще раз. Киномеханик
погасил свет, на экране пошли титры старой первой серии, а нас уже спешно грузили в тот же
автобус, и вот опять мы катим куда-то в лес, к
черту на кулички, проклиная в душе это идиот-
ское путешествие в неизвестность.

А автобус, ведомый комсомольскими вождями,
углублялся все дальше в какие-то уже почти таеж-
ные чащобы, пару раз буксовал, и мы уже боялись,

что вообще заночуем в лесу, но наконец что-то мелькнуло впереди, какой-то одинокий свет, и скоро автобус вымахнул на берег мелкой речушки, а здесь, в окружении могучего елового и кедрового леса, стояли два дома — большие, крепкие, с ярко освещенными окнами, с дымком над трубами сельских печей и суетой прислуги.

Замерзших, хмурых, чертыхающихся про себя, нас ввели в дом — и мы ахнули: в просторной гостиной стоял длинный стол, уставленный немыслимой едой, — гора горячих, дымящихся вареников, жареный поросенок, маринованные и соленые грибы, какие-то закуски и, конечно, батарея «столичной» водки, и пять девочек в белых передничках хлопотали над этим столом, приглашали:

— Садитесь, садитесь...

Мы опешили — как так? За короткое двадцатиминутное выступление — такой стол? Но тут на двух «газиках» подкатили еще семь человек — все руководство колхоза, от председателя и парторга до бухгалтера, дебелой краснощекой бабищи. И уже позже, за тостами — первый за дорогую коммунистическую партию, а потом за дорогих гостей оптом и поименно, — выяснилось, что привезли нас в загородный обкомовский дом отдыха и под «встречу с артистами» будут списаны литры водки и ящики продуктов из обкомовских фондов, а также — что в нашу честь топится сейчас русская баня и сразу после выпивки мы все вместе отправимся париться в баньку. При этом у дебелой бухгалтерши, съедавшей взглядом нашего малоизвестного, но молодого актера, маслено туманились пьяные розовые глаза, а румяные комсомольские вожди тянулись рюмками к нашим артисткам и хлопали по спинам официанток — некраснеющих сельских дев.

Но актрисы и пожилой кинооператор идти в баню отказались, а мы — режиссер, молодой актер и я, — выпив изрядно, дали себя уговорить при хмельном условии, что и официантки будут с нами париться.

И вот — баня! Русская баня, натуральная, сельская. С темным предбанником, где рядом с деревянными лавками стоят ящики с жигулевским пивом, водка и жбан холодной воды, с просторной парилкой, жаркой печью, влажно-дубовыми полатями и березовыми вениками, отмоченными все в том же жигулевском пивке. Дебелая бухгалтерша — голая, с неожиданно ладной, хотя и полной розовой фигурой, — похотливо играя ягодицами, тут же плеснула на раскаленно-сизые камни несколько ковшей воды с пивом, и вся парилка заполнилась туманно-белесым паром; уже почти без стеснения входишь сюда голым и сквозь парной туман смотришь, чья еще фигура появится в затуманенном проеме двери. И смешно, весело наблюдать, как, сначала застенчиво прикрывая руками грудь и лобок, вошла одна из официанточек или, прикрыв двумя руками пах, вошел наш молодой актер, но уже через минуту все забывают о природном стыде и плещут друг на друга из шаек водой, стегают на лавке друг друга вениками, хохочут, подбавляют парку и выскакивают в предбанник пивка хлебнуть...

Дебелая бухгалтерша оказалась прекрасной банщицей — она любовно, томно, с каким-то похотливо нежным оттягом хлестала веником нашего молодого актера, потом кряжистого, матерого председателя колхоза, потом меня, грешного. А распарившись и размякнув, уже почти без сил лезешь на верхнюю полку и лежишь, блаженствуя, лениво оглаживая рядом с собой влажное, спелоналитое тело официантки с мокрой торчащей грудью. Еще нет ни похоти, ни желания, а только приятная слабость в распаренных членах, но затем постепенно что-то наливается, наливается в паху, а уже глядишь — кряжистый председатель колхоза голый соскакивает с полатей и зовет: «Ну? Кто со мной до проруби? Что, артисты, слабо?» Артистам — то есть нам — слабо, конечно, вот так из парилки выскочить на зимнюю стужу и бултыхнуться в ледяную прорубь, и, оставив гостей, хозяева голяком выскакивают из бани. Впереди всех, взбрыкивая от обжигающего снега, бежит розовая бухгалтерша, от ее пудовых ягодиц, ляжек и плеч валит пар, и они с председателем колхоза ногами вперед ухают в ледяную прорубь реки, а следом за ними круглогрудые официантки и местные комсомольские вожди. Минуты через две все выбираются из проруби, с криком, с хохотом, и бегут обратно в баню, и мы за ними. Влетели в парилку, ковш холодной воды на камни печки, снова пар, жар, хохот и шум, а потом все вместе идем в предбанник пить пиво и калякать. И уже незаметно, что режиссер с бухгалтершей остались в бане одни, и даже неохота думать, чем они заняты в парном тумане, — завернувшись в простыни, пьем пиво, отбрехиваемся от сельских насмешек, и я ощупываю глазами одну из официанток и встречаю ее пристальный, неуклоняющийся взгляд, и уже с привычной ленцой, с таким знакомым оттягом замирает сердце.

И когда после очередного цикла — парилка, прорубь, снежная ванна и снова парилка — все уходят в предбанник пить пиво, в бане остаются уже две пары — я и официанточка Зоя, а на другом конце нижней лавки — наш режиссер с дебелой бухгалтершей. Бухгалтерша плеснула еще ковшик воды на горячие камни, чтобы туманно-парная завеса разделила нас, но и сквозь пар видно, как легла она под режиссером навзничь и он навалился на ее круглый мясистый зад и, оскаливаясь на мокрых ягодицах, приступил к работе. Но дальше наблюдать нам за ними некогда, я по своей привычке сел на лавке, усадил к себе верхом на колени мокрую, распаренную Зою, обнял руками ее влажную талию. Ее раскрытые ноги и сильные ягодицы смело, одним рывком прижали ее живот к моему так, что мой Брат тут же оказался целиком в ее теле, и она прижалась ко мне, чуть охнув от удовольствия, и замерла так, наслаждаясь и закрыв глаза, а ее мокрые длинные ржаные волосы касались моих рук. Так она сидела, не двигаясь. Я осторожно пошевелил ее бедра, отодвинул от себя почти силой, но она тут же над-

винулась обратно, и тут возникла странная похотливая игра — я как бы отталкивал ее от себя,
снимая с Брата, а она с силой надвигалась обратно, словно боясь выпустить его из себя, и скоро
это превратилось в ритмическую скачку, и наши
мокрые тела бились друг о друга сочными, влаж-
ными шлепками, и Зойка все увеличивала темп
скачки, набирая скорость бешеного галопа. Право, я не ожидал такого темперамента в этой сельской двадцатилетней девчонке. Сжав зубы, шумно
дыша, размахивая мокрыми прядями длинных волос, она вбивала в себя моего Братца с уже не
управляемым мной неистовством, с бешенством
близкого оргазма. И точно — через несколько секунд она кончила, издав протяжный полустон-по-
лукрик, кончила и безжизненно сползла на
мокрый пол и легла там на спину, распахнув усталые ноги и уже вялое, будто оплывающее тело.

А я с торчащим Братом остался сидеть на лавке. В стороне, на том конце лавки, трудился над
бухгалтершей наш режиссер, а распахнутое тело
молодой официантки с влажной грудью, с закрытыми глазами на курносом лице и рыжим лобком
лежало у моих ног. В предбаннике был слышен
смех, там травили похабные анекдоты, и уже вот-

вот сюда должны были войти, но мой торчащий мокрый Брат требовал действия, и я, наплевав на все, безразличный к тому, что случится, когда сюда войдет вся компания, голой ногой поддел за бок лежащую Зою и перевернул ее. Она повиновалась легко и безжизненно, как ватная кукла, она просто перекатилась со спины на живот и теперь лежала ничком, отсвечивая в парном тумане мокрыми круглыми ягодицами. Я лег на нее, снизу подобрал руками ее плечи, ухватился за них и с силой всадил Брата в ее безжизненный зад. О, что тут случилось! Она взревела и взбрыкнулась подо мной, как проснувшаяся лошадь, она ждала всего, кроме этого, она, наверное, и не шевельнулась бы, если бы я ее трахнул стандартным способом, она, наверное, лежала бы подо мной безвольно-ватная, терпеливо дожидаясь конца, но — в задний проход! Этого она не ждала, конечно, и вряд ли пробовала когда-то. Она взревела от боли и страха, взбрыкнулась, рванулась в сторону, пытаясь сбросить меня, но мои руки цепко держали ее плечи, а Брат уже прорвался, уже утонул в ее ягодицах, и теперь оторвать его от них было невозможно никакой силой. Здоровая, крепкая сельская девка, Зоя все-таки приподнялась от пола на руках, повернулась на бок и, все еще крича и пристанывая, покатилась по полу, но я не отлипал от нее.

В эту минуту на ее крик в парилку ввалилась вся компания. И они увидели то, что потом со смехом обсуждали до нашего отъезда, — держа меня на себе, как неотлипающего наездника, Зоя на четвереньках доползла до табуретки, на которой стояло ведро холодной воды, и боком стукнула меня об эту табуретку, и ведро ледяной воды обрушилось на нас двоих, но и тут я не отлип от нее, а наоборот — от холода вцепился в нее еще крепче. Теперь она только подвывала и плакала, стоя на четвереньках и только тихо постанывая. Вокруг нас стояла вся компания, вплоть до режиссера и бухгалтерши, и хохотала, подначивая:

— Еще! Вот так! Засади ей! Во дает! В жопу! Еще! Катюха, а ну становись рядом, я тоже попробую! Ну как, Зойка? Ничего? Ты ж хотела артиста попробовать, ну и как? Терпи, он уже кончает...

Когда наконец я бессильно сполз с ее зада на пол, Зойка разогнулась, повернулась ко мне заплаканным лицом и со всей оставшейся силой закатила мне такую оплеуху, что, оскользнувшись на мокром полу, я отлетел к стенке и лежал там без сил, не вставая.

Новый взрыв хохота потряс баню. Я видел, что Зойка рвется ко мне, что ее держат, успокаивают, и слава Богу, что удержали, иначе она избила бы меня до крови. Но председатель колхоза — крепкий, кряжистый мужик — просто ухватил озверевшую от злости Зойку за волосы и через предбанник волоком вытащил голую на мороз, к проруби, — остудиться.

А в бане дебелая бухгалтерша подошла ко мне с ковшиком холодного пива, уважительно наклонилась, приподняла за голову и дала напиться. А затем помогла добраться до лавки, приговаривая: «Ну силен, артист! Силен! Жеребец!» И чувствовалось, что она просто завидует Зойке. Уж не знаю, что сказал председатель Зойке, он ли ее успокоил, или прорубь остудила. Когда она, замерзшая, появилась в бане, я лежал в парилке на верхней полке, дебелая бухгалтерша любовно охлестывала меня березовым веничком по спине, приговаривая «вот тебе, охальник, вот тебе!», а Зойка тихо оделась в предбаннике и ушла, и весь этот инцидент нисколько не испортил общего праздника — потом было еще много всего, но в этом я, правда, уже не принимал участия, хотя бухгалтерша и подваливала ко мне на полку, шарила руками в паху и шептала: «Лихой, лихой мальчик... я к тебе приеду в Москву. Приехать?..»

Глава 11

ИЗМЕНА

Несколько лет назад на Западе появился и стал знаменитым порнофильм «Глубокая глотка». Все мои знакомые, которые ездили в Европу в турпоездки, мечтали посмотреть этот фильм и, вернувшись, взахлеб рассказывали об уникальной проститутке, которая, говоря нормальным русским языком, «берет с заглотом».

Я не хочу сказать, что если в России есть даже специальный народный термин для этого удовольствия, то у нас берут с заглотом на каждом шагу. Но и ничего уникального в этом тоже нет. У нас берут с заглотом в Воркуте и Челябинске, Алма-Ате и Норильске, в таежной сибирской Тюмени и в курортной Одессе. Но самый потрясающий, действительно уникальный заглот я открыл в хабаровском Доме моделей. 30-летняя манекенщица Галина К., крашеная блондинка с аппетитным телом, стройной фигурой и кожей цвета слоновой кости, романтично-болтливая в жизни и молчаливо-послушная в постели... нет, пожалуй, это требует отдельного рассказа.

Мы снимали какую-то производственную муть о Хабаровском трубопрокатном заводе для телефильма о рабочем классе. Я занимался организацией съемок. Оператор по-ударному наклацал дюжину панорам, статики и крупешников трудовых процессов и уже собирался сматываться с завода, когда в проходной увидел большое объявление: «СЕГОДНЯ В КЛУБЕ ЗАВОДА ПОКАЗ МОД ХАБАРОВСКОГО ДОМА МОДЕЛЕЙ». Яркая идея мелькнула в его мозгу, и он тут же помчался к директору завода с просьбой перенести показ мод из клуба в цех, — мол, мы снимаем для фильма, как Дом моделей показывает моды во время рабочего перерыва прямо в цехе, среди «жарких труб, катящихся по металлическим рольгангам». Кино имеет несокрушимую власть, директор распорядился соорудить в цехе помост для показа мод прямо рядом с трубопрокатным станом и здесь же поставить палатку, чтобы манекенщицы могли переодеваться.

И вот представьте огромный цех, трубопрокатный стан длиной с полкилометра, жара немыслимая, раскаленные трубы выскакивают из огнедышащей, оранжевой от пламени печи и с лязгом и грохотом катятся по специальным желобкам-рольгангам, а рядом со станом — временный деревянный помост с брезентовой палаткой, джазовая музыка из динамиков, манекенщицы демонстрируют моды рабочей и повседневной одежды, а вокруг — на полу, на диспетчерском балконе, на лестницах и даже на консольных подъемных кранах — сотни рабочих глазеют на этот необычный спектакль. Кинооператор не отлипает от камеры, а я, конечно, в палатке для манекенщиц, «руковожу» процессом.

Ну, я вам доложу, и работа у них — пять манекенщиц, показав какой-то наряд, одна за другой влетают в палатку, мгновенно сбрасывают с себя все, и тут же с вешалки — новый вельветовый комбинезон или платье, другие туфли, другую косынку. «Ой, чулки забыла сменить!», «Девочки, дайте приколку, тут пуговица отлетела!», а уже пора идти на помост, и тут очередная заскакивает, в секунды сбрасывает с себя все до лифчика и трусиков и ныряет в другую юбку и блузку, но только: «Туфли, где черные с пряжкой туфли? Ой, Галка в них выступает, а как же я без черных туфель?..» А жара такая от близкого раскаленного металла, что не продохнуть, пот с них, бедняжек, катится градом, одна другую полотенцем обтирают, лицо под вентилятор и — снова на помост...

Я был тут как лис в курятнике — манекенщицы не обращали на меня никакого внимания, зато я ощупывал глазами каждую фигурку, примеряя их на себя. Опыт приносит мужчине умение почти точно прогнозировать, как будет вести себя в постели та или иная женщина, и вы уже без труда выбираете даже в большой толпе свой излюбленный размер бабы — ту фигурку, которую вам ловчее, приятней иметь. Даже темперамент чаще всего можно угадать почти без ошибки.

Так вот, в брезентовой палатке, где переодевались манекенщицы, я тоже приглядывал себе свой размер и приглядел, конечно, восемнадцатилетнюю худенькую брюнеточку с высоченными стройными ногами. Я уже мысленно представлял себе, как в номере своей гостиницы буду заламывать эти ноги к себе на плечи, распахивая ее узкие бедра...

Но в этот момент совсем другая, чуть полноватая манекенщица сказала мне, спешно переодеваясь в какой-то вельветовый костюмчик: «Помогите мне! Эта чертова молния!» Металлическая молния никак не застегивалась на ее бедрах, я поспешил ей на помощь, застегнул эту молнию, а потом еще влажным полотенцем остудил ее плечи. Еще ничего не произошло, кроме разве того, что я уже сожрал глазами ее замечательную, большую, торчащую вперед грудь. Она перехватила мой взгляд, наши глаза встретились, и, вильнув округлым бедром, она убежала на помост.

После показа мод мы с оператором пригласили их в ресторан — всех пятерых манекенщиц и директоршу Дома моделей, но у большинства из них оказались какие-то спешные дела, и только две оказались свободны — та восемнадцатилетняя, которую я наметил первой, и эта, тридцатилетняя. Можете представить себе, как я заметался, но, похоже, они уже сами разделили нас между собой, и после ужина восемнадцатилетняя ушла в номер к оператору, а Галя осталась со мной. Через двадцать минут я уже не жалел и не вспоминал о длинных стройных ногах восемнадцатилетней.

Когда после душа Галя вышла из ванной абсолютно голая, с влажной матово-белой кожей, смеющимися голубыми глазами и торчащими вишневыми сосками на большой, мягко-упругой груди, мой Братец враз налился упрямой, напористой силой. Но мы не спешили рухнуть в постель. Я усадил ее на стул, подошел к ней вплотную так, что мой Брат целиком оказался в цезуре ее груди. Теперь он, подрагивающий, нетерпеливый, покоился в мягком, теплом ложе и пульсировал внутри самого себя толчками крови, но недолго. Галя сама отодвинула меня, сказала:

— Подожди. Ляжем.

Я лег на кровать, а она легла на меня валетом — мягкой и замечательной грудью мне на живот и лицом к моему Брату. Теперь ее роскошные бедра были у меня на груди, я держал их руками, но уже через секунду забыл и об этом деликатесе, потому что там, внизу, в паху происходило что-то совершенно исключительное. Я ощутил, как в ее губах сначала исчезла головка моего Брата, потом корпус, потом... Ее мягкий, теплый, влажный рот продолжал медленное, но неуклонное движение книзу. Я чувствовал, что мой Братец уперся уже в ее дыхательное горло, что дальше вроде бы нет хода, что она задохнется сейчас, но тут мои руки сами взяли ее затылок, сделали мягкое, крохотное усилие — еще чуть-чуть надавили ее голову книзу, и... мой Младший Брат вошел ей в горло! Это надо ощутить, конечно. Весь, целиком, до корня, он ушел в нее, и там еще раздвинул нежные хрящики дыхательных путей и продвинулся в головокружительную, пьянящую, сжимающую глубину. Я убрал руки с ее затылка, я все еще боялся, что она задохнется, я понимал, что малейшим неверным усилием я могу порвать там что-то, и я предоставил ей возможность отпрянуть хоть на несколько секунд, передохнуть, но этого не произошло. Наоборот, она продолжала, все еще продолжала заглатывать Брата, хотя я уже и так стонал от блаженства, мне казалось, что дальше уже некуда, что он весь кончился, до корня, но я все еще чувствовал, как она, теперь уже сама, вдавливает его все глубже в свое горло. Она словно знала какой-то секрет, какое-то единственно возможное положение головы, когда узкая щель дыхательного пути может расслабиться и пропустить в себя всю толщину мужского члена. При этом рот ее открылся совершенно и захватил яички, поглотив их и упрятав куда-то под небо...

Да, это был заглот высшего пилотажа, я терял сознание от блаженства, впрочем, блаженство не то слово, это невозможно описать, мука и истягивающая мозг истома, какая-то нирвана погружения в другие миры и слияние с доисторическим опытом предков — нет, я не знаю, как это описать, я отказываюсь. Прошлое и будущее, истома всего мироздания отключали мой мозг от сознания происходящего, и только там, внизу, в моем паху и в ее горле, жила иная, из других измерений биологическая жизнь — комок страха, наслаждения, боли и вечности. Я чувствовал, как у меня выламывают суставы, как все мое тело уже не подчиняется моему разуму, а целиком вместе с членом утопает, засасывается в узкую, горячую, плотоядную пещеру первобытной похоти. Я стонал, я вскрикивал, я боялся криком прервать блаженство...

Я кончил ей в горло и умер от изнеможения. Ничто уже не было важно, мир мог взорваться, лопнуть, треснуть по оси — я не пошевелил бы и пальцем, я лежал обессилевший и потрясенный пережитым. А она, затихнув, сползла с меня, глотком коньяка с соком запила мою сперму и заговорила со мной о чем-то.

Я не отвечал. Я хотел, чтобы она тут же ушла, растворилась, исчезла, оставив меня сладостно умирать в наплывающей от бессилия дремоте. Потому что после этого акта я был как новорожденный младенец, отпавший от материнской груди в безумный сон забвенья, — ни единой мысли уже не было в моей опустошенной блаженством голове.

Но она не уходила. Она терпеливо переждала мою полудрему, и когда я стал возвращаться из потустороннего мира в номер гостиницы, она легла рядом со мной, подала мне рюмку коньяка и совместным действием коньяка и ласковых, блуждающих по моей груди рук вернула меня к жизни.

Всю ночь после этого я ублажал ее так, как ей хотелось, — она заслужила это. На следующий день мы с оператором улетели в Москву, но и там, проводя ночи с другими, я не мог забыть эту глубокую хабаровскую глотку, этот фантастический миг встречи с ирреальностью, и уже через две недели вызвал ее на телепробу в Москву. Это нетрудно организовать на телестудии, где снимается в год несколько телефильмов, — всегда есть в запуске картина, куда требуются актеры. И она стала прилетать в Москву регулярно, хотя бы раз в месяц, —

студия оплачивала мое блаженство. Я селил ее в лучших гостиницах — «Пекин», «Украина», «Минск», «Москва», «Россия», и каждая наша встреча начиналась точно как первая — глубоким заглотом. Она устраивала свою голову в моих чреслах, находила то единственное положение, которое открывало моему Брату сквозной ход в ее дыхательное горло, и медленно, не спеша вбирала его без остатка, вместе с яичками, снова и снова отключая меня от реального мира, уводя в другие миры. Затем, передохнув, спустившись на землю, я принимался терзать ее тело — сочное, крепкое, ядреное тело, не знавшее усталости. Я мял ее крупную спелую грудь, целовал живот и клитор, и мой Брат уходил в ее мягкие ягодицы...

Конечно, я знал, что там, в Хабаровске, она не ведет монашеский образ жизни, но с кем она спит в Хабаровске — это меня не касалось, в Москве она принадлежала только мне, и в дни ее приездов в Москву я таскал ее за собой повсюду — на Останкинскую телестудию, в Дом кино, в рестораны, таскал как редкую драгоценность, которую нельзя оставлять без присмотра.

Но именно это привело к драматическому исходу. В ту зиму мы снимали очередной фильм ки-

лометрах в сорока от Москвы, и я поселил теле-
группу в пустовавшем зимой пионерском лагере —
вся телегруппа, шестьдесят человек, жила в боль-
шом общем корпусе, а я, режиссер и оператор — в
уютном флигеле, у каждого по своей комнате. Это
были замечательные дни, полные напряженной
работы, мы рано вставали и выезжали на реку на
съемки, там стояли декорации партизанского лагеря, это был фильм о войне. А длинными зимни-
ми вечерами мы играли в карты, пили водку, варили
уху или на студийных машинах отправлялись в
Москву, в ресторан Дома кино. Конечно, я вызвал
Галину из Хабаровска, и она неделю прожила у
меня — днем, во время съемок, каталась на лыжах
и спала, а по ночам мы до изнеможения занимались любовью. Я видел, что ей очень нравится такая жизнь — вокруг известные актеры, киношная
суета, вечерние загулы в ресторанах, просмотры
зарубежных фильмов в Доме кино и сладкий секс
по ночам на лоне заснеженного Подмосковья.

И вот однажды из Ленинграда прикатил на съемки автор сценария нашего фильма. Молодой, тридцатилетний, талантливый и удачливый парень —
его сценарии все больше входили в моду в кино-
студиях, а фильмы пользовались популярностью у

зрителей. Он покрутился на съемочной площадке, переписал по просьбе режиссера несколько сцен и пару часов покатался с Галкой на лыжах. А к вечеру она сказала, что ей пора улетать в Хабаровск, — завтра там какой-то ответственный показ мод, и она должна быть на работе. Надо так надо — мы собрали ее чемоданчик, я взял студийную машину, и в связи с такой оказией съездить в Москву к нам присоединились режиссер, пара актеров и сценарист, и мы все вместе сначала завалились в ресторан Дома кино, весело поужинали, а потом я собрался отвезти Галю в аэропорт, но она заявила, что ей еще нужно заехать к подруге, а оттуда она доберется до аэропорта на такси. Что же, я отвез ее к подруге на проспект Мира, оставил в подъезде какого-то дома, но уже некое недоброе предчувствие шевельнулось у меня в груди.

И особенно оно усилилось, когда, вернувшись в ресторан Дома кино, где еще сидела наша компания, я не застал среди них сценариста, — режиссер сказал, что у него какие-то дела и что он уехал из ресторана минут двадцать назад.

Я хмуро выпил подряд три рюмки водки, завел машину и помчался назад, в наш пионерский лагерь под Москву. Я уже не сомневался, что Галка сейчас с этим сценаристом в какой-нибудь гостинице, но что я мог поделать? Я погнал машину домой, чтобы там спокойно напиться и уснуть. По дороге, уже на подъезде к пионерскому лагерю, встречное такси с зеленым огоньком чуть не заставило меня свернуть в сугроб. Я выматерил его и погнал дальше. Я приехал за полночь, наша группа уже спала, и только на втором этаже, в комнате сценариста, сквозь плотно задернутые шторы пробивался свет настольной лампы, а в вестибюле у телевизора старая гримерша тетя Соня вязала что-то.

— Не спим? — бодро спросил я у нее. — Что вяжем?

— Платье для внучки... — ответила она негромко и не поднимая на меня глаз. Мне это не понравилось, я спросил в упор:

— Тетя Соня, а вы нашего сценариста не видели? Она молчала.

— Тетя Соня, у него свет горит в комнате. Он что — вернулся?

— Угу... — пробурчала она.

— Не один? С Галей?

— Я ничего не видела, — сказала она, не глядя на меня, и я понял, что сценарист привез сюда Галку на такси. Я захлебнулся от бешенства.

Что было делать? Конечно, она мне не жена, и мы с ней не объяснялись в любви, и я прекрасно знал, что в перерывах между нашими встречами она спит с кем-то в Хабаровске, да и она знала, что я тут не храню ей супружескую верность. Да, она была вольна спать с кем угодно и где угодно на стороне, но чтобы здесь — на виду у всей киногруппы! — такого наглого блядства я от нее не ожидал.

Я поднялся на второй этаж и постучал в комнату сценариста. Там уже не горел свет, там было тихо, никто не отвечал на мой стук. Я постучал еще раз, громче — тишина, никакого ответа. Ломиться в дверь? Разбудить шумом всю киногруппу? Что бы это дало мне, кроме позора? Я сказал в дверь:

— Хорошо, ребята, встретимся за завтраком. Спокойной ночи.

И ушел к себе, в свою комнату во флигель. Конечно, я не мог уснуть. Картины их страстей мучили мое воображение. Я живо, ярко представлял себе, как уже не мой, а его Брат проходит через ее влажный рот в ее глубокую глотку и как он, а не я, сладко отключается от бытия, а потом пьет с ней коньяк и трахает ее в роскошный зад, и сжимает руками ее роскошную грудь, и снова и снова внедряется в ее горячую чуткую штольню...

Я не мог этого вынести — не помогал ни коньяк, ни снотворное, и к трем часам ночи я придумал средство мести. Сценарист меня не интересовал. Я вообще никогда не виню мужиков, поскольку если баба не захочет, то никто ее не трахнет и даже не изнасилует, поверьте. Галка! Эта сука, курва, хабаровская шлюха — как она смела приехать сюда, в эту же киногруппу, и на глазах у всех трахаться уже не со мной? К трем часам ночи я придумал средство мести.

Я встал, оделся, разбудил вечно пьяного пиротехника Костю, взял у него ключи от склада пиротехники и там, среди ящиков с автоматами Калашникова, дымовыми шашками, холостыми патронами и прочим «партизанским вооружением», нашел небольшой ящик с офицерским оружием — пистолетами «ТТ». Конечно, боевых патронов у нас не было, но мне годились и холостые. Я зарядил пистолет и сунул его в карман своей меховой куртки. Потом вошел в общий корпус и сел у выхода на лестнице. Дрожь нервного озноба еще била меня, но скоро я успокоился — теплая рукоятка пистолета грела руку, а принятое решение веселило сердце. Я твердо вычислил, что теперь, понимая, что я уже знаю о том, что они здесь, они не останутся до завтрака, а постараются смыться как можно раньше, до общего подъема на съемку. Пешком можно минут за десять добраться до станции, а там — или на электричке, или на такси до Москвы. Я ждал, когда они выйдут, воображение уже не терзало мой мозг, я успокоился и боялся только одного — не уснуть бы на этой лестнице. Поэтому я периодически вставал и выходил во двор на мороз — разогнать сон.

Мне и самому было немного смешно глядеть на себя со стороны — сумасшедшего ревнивца, дежурящего с пистолетом в кармане под окнами комнаты, в которой трахнули мою редкую хабаровскую драгоценность, это было похоже на киносюжет. Но у меня сволочной характер — если я принял решение, я уже не отступлю, как бы горько я потом ни расплачивался.

В пять утра наверху тихо скрипнула дверь, раздались осторожные шаги и приглушенный грудной Галкин смех. Этот смех подхлестнул мои нервы, с новой силой вспенил мое бешенство. Она еще смеется, сука! Конечно, надо мной, над кем же еще?.. Осторожно, бесшумно я открыл входную дверь и вышел на улицу, спрятался за соседнее дерево — мне ни к чему было встречать их в корпусе, где все еще спали, мне нужно было встретить их на вольном воздухе.

И вот — негромко скрипнула все та же входная дверь, и они открыто, беззаботно вышли во двор, посмеиваясь своей дешевой хитрости — улизнуть затемно, пока все еще спят, а там — «не пойман — не вор!».

Я дал им отойти чуть-чуть — он вел ее под локоток, негромко нашептывая на ухо что-то смешное. И тогда я вышел из-за дерева и сказал спокойно:

— Доброе утро.

Они оглянулись, и я увидел, как разом обмякли их фигуры и сценарист стыдливо, как нашкодивший кот, отвел глаза в сторону, а Галка глядела на меня в упор холодными вызывающими глазами.

Я подошел к ним и мягким, вежливым голосом сказал сценаристу:

— Старик, извини, мне нужно с ней поговорить.

И, не ожидая его ответа, взял ее под руку и повел к своему флигелю. Она не хотела идти.

— Зачем? О чем нам говорить? — спрашивала она, упираясь и еще оглядываясь на сценариста, который стоял в растерянности посреди двора.

— Идем, ничего... — Моя рука с силой, до боли сжимала ей локоть, заставляя идти рядом со мной, а краем глаза я следил, что станет делать он — пойдет ли за нами, вступится ли за нее? Нет, потоптавшись, он молча пошел назад, в корпус.

Увидев, что она остается без защиты, Галка повернулась к нему, хотела позвать или крикнуть что-то, но в тот же момент я левой рукой вытащил из кармана пистолет и сунул ей к подбородку:

— Молчи, сука! Иди!

Она побелела от страха.

— Ты с ума сошел! Что ты хочешь?

— Иди, я тебе говорю.

— Андрей, что ты хочешь? Ты сумасшедший...

Наверное, я был действительно похож на психа — с невыспавшимся белым лицом и злыми глазами, но, впрочем, я действовал совершенно хладнокровно и даже внутренне веселясь от этой истории.

Так, под пистолетом, я завел ее в свою комнату и приказал:

— Садись на стул.

Она села, пытаясь насмешливой улыбкой прикрыть свой испуг.

— Ну что? Что тебе надо? — Она даже забросила ногу на ногу, изображая надменность.

— Сиди спокойно и не вздумай орать. Если закричишь, я тебя просто убью, — сказал я холодно и спокойно, держа пистолет в левой руке. — Дай сюда твои руки.

Я стал у нее за спиной, завел ее руки назад, за спинку стула, и крепко связал их заранее приготовленным галстуком.

— Идиот, что ты собираешься делать? Мне больно, пусти! — Она забрыкалась на стуле, но я опять сунул к ее шее пистолет.

— Заткнись, паскуда! Убью ведь!

Затем я вторым галстуком привязал ее ноги к ножкам стула, а полотенце сунул ей в рот кляпом. Теперь она была готова к экзекуции — той, которую я для нее придумал.

Я снял с нее шапку, распустил заколотые в узел волосы и не спеша своей расческой любовно расчесал их. У нее были замечательные светлые волосы, шелковисто-гладкие, пахнущие свежим шампунем, — я расчесал их аккуратно и нежно. И сказал:

— Ты знаешь, как на Руси наказывали когда-то блядей? Их брили наголо. Вот так, смотри.

И я поднял расческой переднюю прядь ее волос и ножницами отхватил их до корня.

Она замычала, забилась на стуле, задергалась, но кляп плотно сидел у нее во рту, руки и ноги были надежно привязаны к стулу.

Я не спеша стриг ей волосы — прядь за прядью. Она плакала холодными бессильными слезами. Я выбрил ей все волосы спереди, а сзади стричь не стал, понимая, что это ей придется сделать самой, не будет же она ходить с полубритой головой.

Потом я собрал ее остриженные волосы в ее же шапку и надел ей на голову. Снова взял в руку пистолет, а свободной рукой развязал ее.

— Пошли, — сказал я ей, — я отвезу тебя на станцию.

Молча, не говоря ни слова, она, белая от бешенства, пошла со мной к гаражу. Я завел машину, услужливо открыл ей переднюю дверцу:

— Прошу.

— Негодяй! — проговорила она и села в машину.

Я погнал машину на станцию. Там, на пустой утренней платформе, в ожидании поезда расхаживал с чемоданом в руке наш талантливый сценарист. Я остановил машину и открыл ей дверцу:

— Прошу. Он тебя ждет. Можешь подарить ему пару локонов. На память.

Глава 12

КОРОЛЕВА ПОДЛИПОК

А груди?! чудная картина —
У девушки в шестнадцать лет
Сосочки... что твоя малина!
Отбрось перо скорей, поэт!
Восторг, восторг невыразимый!
О, не волнуй меня, мечта!..

Г. Державин

Есть под Москвой такое место — Подлипки. Знаменитое место — при въезде в город слева и справа на километры тянутся высокие заборы с колючей проволокой поверху, через каждые двести метров — охрана. А за заборами — серые корпуса «почтовых ящиков» — заводов, где работают тысячи людей. Вокруг Подлипок еще вспомогательные поселки — Костино, Фрязево, Ивантеевка, 9 Мая, и здесь тоже заводишки, фабрики, совхозы и, конечно же, воинские части. В самих Подлипках — спецармейские городки, там стоят не только солдатские казармы, но и цивильные дома для офицерских семей, магазины с улучшенным снабжением, кинотеатры. По утрам весь город слышит сигнал солдатской побудки, а днем и по вечерам то и дело несутся из-за этих заборов чеканный шаг марширующих рот и хоровая солдатская песня.

Подразделения солдат и офицеров сосредоточены в Подлипках и вокруг них, и все это — молодые сексокадры, требующие, безусловно, полового обслуживания. А потому наша заботливая советская власть построила здесь несколько ткацких фабрик, куда со всей России спешным порядком прислали по комсомольским путевкам девчонок, окончивших восьмилетку, пятнадцати- и шестнадцатилетних. Из Рязанской, Пензенской, Ярославской и других областей потянулись девочки в Подлипки — поближе к Москве от постылой сельской жизни.

Заиграла музыка на танцплощадках и в парках, в Домах офицеров и в солдатских клубах, а также во Дворцах культуры ткацких фабрик. И половое обслуживание офицерского, сержантского и солдатского состава тут же поднялось на небывалую высоту. Такого блядства, которое развернулось в женских общежитиях Подлипок, Костино, Фрязево, Ивантеевки и поселка 9 Мая, не знает даже столица нашей Родины Москва. Каждое общежитие стало пропускным пунктом, за вечер здесь обслуживали весь окрестный гарнизон. Девчонок *имели* скопом по пять-шесть человек в каждой комнате, взводом, отделением и ротой, в общежитии — зимой, а летом — за каждым кустиком в окрестных лесах. Потом девочки сами себе в общежитиях делали аборты и выкидыши, сбрасывали мертворожденных детей в речушку и снова трахались уже с отчаянной профессиональной силой. На танцплощадках появились свои «короли» и «королевы», а в общежитиях — свои «паханы» и «махани». Об одной такой «королеве» я и хочу рассказать. Зина Р. приехала сюда из Вологодской области. Тихая девочка, чуть курносая, пятнадцать с половиной лет. На фабрику ее взяли ученицей прядильщицы, в общежитии поселили в комнате еще с тремя ткачихами. Первое время она чуралась танцев и все ездила в Москву по субботам и воскресеньям — благо электричкой от Подлипок до Москвы семнадцать минут езды. В Москве Зинка гуляла не по выставкам, а по магазинам. Без копья в кармане — шестьдесят рублей, начальная зарплата, уходили у нее на еду в заводской столовой да на пару колготок в неделю — так вот, без копья в сумочке она часами шаталась по ГУМу и ЦУМу, универмагу «Москва» и Петровскому пассажу, но самым излюбленным магазином был универмаг для новобрачных. Здесь Зинка по получасу простаивала у каждой витрины, мысленно примеряя на себя каждое свадебное платье, каждую пару туфель и другие наряды. От этой мечтательности в глазах у Зинки появилось какое-то отрешенное выражение, она и на работе, в шумном цехе, продолжала представлять себя в свадебных и несвадебных платьях с витрин московских магазинов. Дорогие собольи шубки, золотые колечки с бриллиантиками, хорошие французские духи, польская косметика — все, что она видела в выходные дни в московских ювелирных и комиссионных магазинах, было пищей для фантазий на целую неделю. И потому первое время Зинка не принимала участия в окружающем ее блядстве и даже на танцы не ходила с соседками по комнате. Но именно это им очень мешало. Эта замкнутая девственница стесняла их существование — невозможно было трахаться: в комнате лежит с открытыми, хотя и отсутствующими, глазами эта Зинка.

А приближалась зима, уже ударили морозы, уже не приляжешь в лесу под кустиками. Даже если и одеяльце или солдатскую шинель подстелить, все равно задница мерзнет.

И тогда соседки, договорившись со своими солдатскими хахалями, неожиданно в будний день устроили в комнате большую пьянку — чей-то день рождения. По этому случаю Зинку заставили выпить портвейн «три семерки», а потом и водку с пивом, а затем, пьяную, на глазах у всей веселящейся компании вчетвером изнасиловали солдаты, а соседки еще помогали им — держали Зинку за руки и ноги.

Как ни странно, Зинка отнеслась к этому спокойно, без истерики. А может, ей даже понравилось — не знаю. И даже на танцы стала ходить, но не в парк и не во Дворец культуры, а только в Дом офицеров. Здесь она быстро усвоила, что ее стройная фигурка, а главное — отрешенные глаза магически действуют на пожилой офицерский состав, на всяких майоров и капитанов, у которых всегда можно выцыганить за короткое наслаждение три, пять, а то и десять рублей.

Так Зинка стала нормальной блядью, профессиональной проституткой, «королевой» Дома офицеров. Заработанные деньги она не тратила, а складывала на сберкнижку и, как и прежде, уезжала в субботу утром в московские магазины бродить и мечтать у витрин, а к вечеру приезжала на танцы в свой Дом офицеров. Танцевала она замечательно — я видел. Откуда в такой сельской девчонке появилось вдруг чувство ритма, каким образом ее фигурка научилась так вибрировать, не знаю, но только, когда она выходила твистовать и шейковать — твист и шейк только-только дошли с Запада до Подлипок, — от нее уже невозможно было глаз оторвать. Все ее тело вибрировало в такт музыке, зыбкое, как морские водоросли, и при этом стройные ноги практически стояли на месте, и голова не двигалась, и отрешенные глаза смотрели в потустороннее пространство, но в это же самое время тело пульсировало, играло, танцевало и перекатывалось волнами музыки и секса, и каждый мужик легко мог себе представить, как оно вот так же будет дрожать, вибрировать, пульсировать, подмахивать и играть в постели. У Зинки отбоя не было от клиентов.

Но офицерские жены побили Зинку. Они подстерегли ее, когда она шла на танцы прямой тропинкой из общежития в Дом офицеров, их было четверо пожилых тридцатилетних баб. Они били Зинку, таскали ее за волосы и старались выцарапать ей глаза своими длинными наманикюренными ногтями.

После этого Зинка неделю не могла выйти на улицу — все лицо было исцарапано, а потом, через неделю, сменила место «работы» — стала ходить на танцы в ресторан «Подлипки». Ресторан был большой, новый, построенный рядом с закрытой спецгостиницей — гостиницей для крупных военных и гражданских специалистов, приезжающих сюда со всей страны по делам секретного ракетостроения. Тут Зинка повысила таксу — все-таки не солдат обслуживала, а майоров, полковников и даже генералов, а кроме того, вдали от дома командированные мужики всегда щедрей и загульней. Зинка теперь каждый вечер имела сытный ужин с вином, коньяком или водкой в ресторане, гостиничную постель в спецгостинице и головную боль на работе на ткацкой фабрике. Потому что эти командированные мужики, даже пожилые представительные генералы, вдали от жен и дома впадали в несусветный разврат, за ночь выпивали никак не меньше двух бутылок коньяка, и Зинку заставляли пить как

лошадь и при этом никак не хотели секса нормальным способом, а всегда требовали чего-нибудь «столичного», «московского», экзотического — с
танцами голяком на столе, минет с заглотом и еще
всякие извращения в духе их пылкого военного
воображения. Например, один полковник из Сык-
тывкара «кормил» Зинку в постели красной икрой —
раздвигал двумя пальцами губы ее влагалища, всо-
вывал туда чайной ложечкой красную икру и пальцем еще задвигал поглубже, а потом ставил Зинку
раком и имел ее стоя, сзади, наблюдая за своим
членом. Красная икра, как алая кровь, размазы-
валась по его члену, будя давние военные воспоминания, и полковник хохотал и платил Зинке
щедро — двадцать рублей за ночь.

А другой моложавый майор требовал, чтобы Зинка
доводила его до извержения ровно за десять толчков
его члена внутри ее влагалища, он вел отсчет от десяти до нуля, как при запуске ракеты: «Десять... девять... восемь... семь... шесть... пять... четыре... три...
два... один... пускаю...» — и кричал: «Пуск!!!»

За каждый удачный «пуск» Зинке полагалась
премия, а за неудачный он отнимал у нее деньги
и объявлял ей «выговор по партийной линии»,

и, бывало, Зинка уходила от него вообще без копейки...

Но в общем-то счет у Зинки на сберкнижке все пополнялся, там уже было четыреста тридцать рублей, когда с Зинкой случилось несчастье — она влюбилась. И не в какого-то майора или полковника, а в молоденького пианиста из ресторанного оркестра, который приезжал в Подлипки из Москвы только по субботам и воскресеньям. Этот худенький, тощий мальчик учился в Московской консерватории, жил в Москве в студенческом общежитии, а в Подлипки приезжал подзаработать к студенческой стипендии.

На пианино он играл замечательно, и, танцуя с очередным командированным, Зинка теперь уже не смотрела отрешенно в пространство, а съедала глазами своего пианиста, впитывала в себя его музыку. Она и танцевать старалась поближе к пианино, и все ее тело теперь вибрировало в такт его фортепьянной музыке, но Борис — так звали пианиста — никак не реагировал на ее кокетство, он отыгрывал положенные ему четыре-пять часов и уезжал в Москву последней электричкой, презирая заполуночные пьянки оркестра с официантками ресторана и местными девчонками. Там, в

Москве, у него была своя консерваторская жизнь, о которой Зинка понятия не имела.

Но чем недоступней, чем отдаленней был от нее Борис, тем больше втюривалась в него Зинка, уже отказывала клиентам, уже приводила в ресторан какую-нибудь подружку и ужинала за свой счет и танцевала только с девочками, но он все равно — ноль внимания, для него она, ясное дело, была и оставалась подлипской шлюшкой.

Зинка измучилась. Не спала ночами и вообще перестала ходить в ресторан. У нее созрел другой план.

На свои четыреста тридцать собранных рублей Зинка оделась так, как мечтала одеться когда-то, — купила у фарцовщиков итальянские туфли и красивое платье, польскую косметику и французское нижнее белье, завила в парикмахерской «Чародейка» свои прямые волосы, потратилась на красивое колечко и сумочку и, взяв на фабрике ночную смену, коротко поспав после работы до двенадцати, отправлялась в Москву, на улицу Герцена, к консерватории. Тут она слонялась и дежурила, поджидая своего Бориса, чтобы разыграть случайную встречу.

И — дождалась. Он вышел из консерватории, неся в одной руке виолончель, а под другую руку под локоть его вела веселая, смеющаяся девчонка в джинсах. И у Зинки екнуло сердце — острым женским чутьем она сразу угадала в этой виолончелистке свою соперницу. И тем не менее решительно шагнула им навстречу:

— Привет, Боря!

— А-а! Привет, — сказал он и прошел мимо, и даже непонятно было, узнал он ее или не узнал, так безразлично это было сказано.

Но еще больше сразило Зинку то, что они — Борис и его девушка — подошли к новенькому голубому «жигуленку», Борис уложил виолончель на заднее сиденье, а виолончелистка села за руль, подождала, пока Борис сядет рядом, и тут же уверенно и лихо вывела своего «жигуленка» в поток машин. Они укатили, а Зинка осталась на тротуаре с разбитым сердцем.

Вечером в общежитии она напилась и не вышла на работу в ночную смену. Ночью ей приснился Борис, да так, что у нее и во сне дух захватило: худенький, голый, он обнимал ее и целовал в грудь так сладко, что Зинка кончила и от этого проснулась.

И на следующий же день Зинка ударилась в загул. Теперь она спала со всеми без разбора — с солдатами окрестных гарнизонов, местной шпаной, офицерами. Она давала даром и за деньги, за стакан портвейна или без него. В общежитии при соседках, в лесу под кустом, на речном пляже и на путях, за вагонами станции «Подлипки». Сексом и пьянкой она глушила свою первую любовь. И никогда больше не заглядывала в ресторан «Подлипки», где по вечерам играл Борис.

И все-таки она встретила его. Однажды поздно вечером она увидела его на платформе «Подлипки» — он, отыграв в ресторане, ждал электричку до Москвы, а она, Зинка, шла по платформе под руку с каким-то лейтенантом.

— Привет, Борис, — сказала она развязно. — Как дела?

— Нормально. А у тебя?

— Прекрасно! У тебя есть сигаретка?

Он порылся в карманах, а она сказала своему случайному лейтенанту: «Иди, я тебя догоню» — и задержалась возле Бориса, прикуривая.

— Не боишься так поздно ездить? — спросила Зинка, выпустив дым первой затяжки.

— А что? — усмехнулся он. — Ты хочешь меня проводить?

И посмотрел ей в глаза. К станции уже подкатывал поезд до Москвы.

— Могу, — ответила она, не отводя взгляда. — Подожди меня в Мытищах.

Мытищи были следующей станцией, первой по дороге из Подлипок к Москве.

— Нет, — сказал он. — Я тебя в Москве подожду. На Ярославском вокзале. Идет?

— Идет. Только ты жди. Я буду. — И она ушла к своему лейтенанту, а Борис укатил электричкой в Москву.

Но через двадцать минут, на такси опередив электричку, она уже была на Ярославском вокзале и встречала своего Бориса.

Они поехали в общежитие консерватории, он провел ее мимо вахтера в свою комнату, отослал ухмыляющегося соседа спать куда-то в другую комнату к соседям, где-то достал полбутылки водки, и они выпили на брудершафт и поцеловались, и он сразу полез к ней за пазуху, к груди. Зинка видела, что он спешит и нервничает, но она еще не знала, от чего, и не сопротивлялась. В эту ночь она показала ему, что такое секс, когда действительно любишь. Ее опытное тело отвечало каждому движению его члена, она была как чуткая мембрана, улавливающая малейшее его желание, а любовь к этому худенькому синеглазому мальчику с длинными тонкими пальцами доводила ее саму до экстаза еще раньше, чем он успевал кончить. К тому же Борис, едва они улеглись в постель, включил проигрыватель, и всю ночь в этой студенческой комнате, оклеенной портретами Чайковского и Паганини, звучали Бетховен, Вагнер и еще «Болеро» Равеля и вкрадчивый Вивальди. Зинка еще никогда не трахалась под такую вдохновляющую музыку и еще никогда не отдавала свое тело любимому мужчине, и теперь это сочеталось, и все, что они делали, было в такт музыке. Борис, словно мстя кому-то за что-то, набрасывался на Зинкино тело с бетховенской силой и вагнеровской жестокостью, он больно терзал ее грудь, мял ягодицы, круто заламывал ей ноги и входил своим членом в ее распахнутое влагалище резко и жестоко, с какой-то злой силой.

Но Зинка терпела. Она вытерпела бы и не то от этого мальчика, она даже позволила ему кончать в себя, чего не позволяла никому доселе. И когда он устал, когда с первыми эрекциями ушла и утихла его злая сила и ожесточение, Зинка стала лечить его теми ласками, которых он еще никогда не видел. Стоило ему отдохнуть и потянуться к ней снова, стоило ему положить руку ей на грудь, соски, живот, она медленно, под вкрадчивую музыку Вивальди, опускалась все ниже к его паху. Его усталый член еще дремал, не отвечая на осторожные призывные прикосновения ее губ и языка, и тогда она забиралась еще ниже, поднимала его ноги к себе на плечи и нежно лизала языком его задний проход. Это возбуждало его почти сразу, его худое, костлявое тело вытягивалось напряженной струной, а член подскакивал и подрагивал от возбуждения. И тогда Зинка приступала к минету — она целовала его яички, облизывала корень и ствол пениса и, когда Борис уже стонал от желания, осторожно брала в рот головку. Тихо звучал медлительный Вивальди, Зинка быстрым языком пробегала по члену от корня до головки и обратно, и снова обсасывала головку, и забирала в рот весь член целиком, так, что сама уже вот-вот задыхалась, а потом пересаживалась на Бориса верхом и медленно, в такт Вивальди, имела своего любимого. Борис стонал и извивался под ней, а потом, не выдержав этой замечательной пытки, с мальчишеским пылом переворачивал ее под себя на спину и уже не в такт музыке с новым ожесточением вламывался в ее влагалище с почти звериной силой, но и тут Зинка делала все для него — вертела бедрами по кругу, подмахивала ягодицами, а когда он кончал, дергаясь от судороги семяизвержения, прижимала его тело к себе и терпела жесткие, горячие удары его спермы внутри и стальную боль в плечах, которые он стискивал своими сильными пальцами пианиста.

За всю ночь он не сказал ей и трех слов, а утром молча проводил до выхода из общежития и только там, почти не глядя ей в глаза, сказал:

— Ну хорошо, пока. У тебя есть телефон?

— Есть, — сказала она. — В общежитии. — И назвала телефон общежития и номер своей комнаты. — Только к нам дозвониться трудно.

— Это не важно. Ну, будь!

Зинка уехала домой, не зная, радоваться ей или грустить, — ведь он даже не записал ее телефон, позвонит ли когда-нибудь?

Три дня она прождала его звонка, уходя из общежития только на работу, а все остальное время просиживая внизу, на первом этаже, у телефона с какой-то дурацкой книжкой про пограничников в руках. Она читала и не понимала, что она читает, каждый телефонный звонок заставлял ее поднимать голову от книги и ждать — не он ли, а когда телефон больше двух минут был занят комендантшей или болтливыми девчонками, она начинала нервничать и терять терпение. Он позвонил на четвертый день, к ночи.

— Привет, — сказал он. — Как живешь?

— Ничего. А ты?

— Можешь приехать?

— Когда? Завтра?

— Нет, сейчас.

Она взглянула на часы:

— Я уже не успею на последнюю электричку.

— Ничего. Возьми такси. Я заплачу.

И так повторялось два-три раза в неделю — он звонил к ночи и вызывал ее к себе, и она мчалась к нему то последней электричкой, то на такси или на попутных машинах.

Он хмуро и ожесточенно трахал ее, всегда под Вагнера и Бетховена, а когда успокаивался — включал Вивальди и Дебюсси. Зинка стала уже своей в общежитии, ее уже знали все вахтерши и соседи Бориса по общежитию, и однажды в женском туалете Зинка, сидя в кабинке, услышала короткий разговор двух студенток.

— Ты видела эту новую Борькину шлюху? — сказала одна.

— Видела. Она его загнала совсем.

— Наташка сама виновата. Крутит парню яйца и не дает. Вот он и отводит душу...

Они ушли, а Зинка сидела в сортире и плакала без слез. Теперь ей все стало ясно, теперь она понимала, почему он вызывал ее за полночь, а по утрам не смотрел в глаза. Он все еще встречался со своей виолончелисткой, он гулял с ней по концертам и кино, целовался в ее машине, а когда яйца уже распухали от спермы, вызывал Зинку как «скорую помощь». Зинка вышла из сортира, умыла лицо и пошла в его комнату.

— Я хочу водки! — сказала она и выключила к чертям собачьим этого вкрадчивого Вивальди или как там его звали. Борис удивленно посмотрел на нее.

— Я хочу водки! — хмуро повторила она.

Он, ни слова не сказав, ушел куда-то и через несколько минут притащил полбутылки коньяка. Зинка залпом выпила полстакана, закурила и спросила в упор:

— Ты ее очень любишь?

— Кого? — сделал он удивленное лицо.

— Эту Наташу твою.

— Ну при чем тут она? Тебе-то что?

— Ты хочешь на ней жениться?

— Да прекрати ты, ради Бога! — Он усмехнулся криво и полез к ней обниматься, но она вдруг с силой ударила его кулаком по лицу так, что у него кровь пошла из носа.

— Ты что, сдурела? Кретинка! — испугался и удивился он.

— Блядь ты, вот ты кто! Подлюга! — сказала Зинка и улыбалась вызывающе. — Ну что? Ну, ударь меня! Слабо? Дешевка! Музыкант вшивый!

— Пошла вон отсюда! Живо! Убирайся! — Он подошел к ней и стоял напротив нее, полуголый и бледный от злости. — Вон, шлюха! — повторил он и даже толкнул ее в плечо.

И тогда Зинка плюнула в его окровавленное и еще любимое лицо. Он размахнулся и ударил ее неловко, по шее.

— Ну, еще! Еще! — насмешливо сказала она. — Ну! Тюфяк! Тьфу! Плевала я на тебя! Проститутка!

Он снова ударил ее — теперь уже больно, кулаком в грудь, и тут же стал выталкивать из комнаты.

Уже на пороге Зинка отвесила ему звонкую пощечину, хлопнула дверью и плача побежала к выходу.

В коридоре за дверьми комнат слышалась все та же классическая музыка и современный джаз, стильные мальчики-музыканты в импортных джинсах варили на общей кухне черный кофе и слушали «Голос Америки», и какая-то полуголая пьяная блондинка играла в конце коридора на арфе. Под их насмешливыми взглядами Зина пробежала вниз по лестнице, выскочила на улицу и побежала в соседнее районное отделение милиции. Перед входом в милицию рванула на себе платье у плеча и в милиции заявила дежурному по отделению, что ее только что изнасиловали. Следы насилия были налицо — порванное платье, синяк на шее и груди. Зинку отвезли в райбольницу на медицинскую экспертизу, а два милиционера нагрянули по указанному Зинкой адресу — в общежитие консерватории и арестовали Бориса. Пятна крови у него на штанах свидетельствовали против него...

На следствии пол-общежития говорило, что Зинка приезжала к нему сама, а примчавшиеся из Ленинграда родители Бориса пытались подкупить Зинку подарками и деньгами, чтобы она отказалась от обвинения в изнасиловании, и тогда Борису грозило только пятнадцать суток за хулиганство и исключение из консерватории, но Зинка твердо стояла на своем — изнасилование. Уж если Борис не достался ей, то он не достанется и этой виолончелистке. И вообще она мстила им всем — всем мужчинам, которые насиловали ее тело с шестнадцати лет, пользовались ею как лоханью для спуска дурной спермы, даже этот, любимый.

Суд — молодая судья с блудливыми глазищами и два народных заседателя — инвалиды Отечественной войны, априори ненавидящие этих развратных артистов и музыкантов, легко взяли сторону «простой советской фабричной работницы», совращенной «гнилым и распущенным» студентом консерватории. За развращение несовершеннолетней, за насилие и нанесенные телесные повреждения Борису К. дали по статье 171, часть II УК семь лет исправительно-трудовых лагерей.

Его отправили в лагерь куда-то в Казахстан, а Зинка, рассчитавшись на фабрике, взяла в райкоме комсомола путевку в Талнах под Норильском, на Всесоюзную ударную комсомольскую стройку.

С тех пор она терпеть не может классическую музыку и особенно — этого вкрадчивого Вивальди.

Глава 13
МОКРОЕ ДЕЛО

> Не хотелось честно
> Хлебец добывать,
> Ну, уже известно,
> Надо блядовать,
> Наш же город бедный,
> Где тут богачи?
> Здесь за грошик медный
> Есть все охочи.
>
> *Н. Некрасов, «Блядь»*

Да, эта история могла бы стать прекрасным сюжетом для какого-нибудь западного порнофильма, разоблачающего распущенные нравы капитализма. Но произошла она, как ни странно, в столице нашей Родины Москве. Я не хочу менять в ней ни слова, а потому вот почти протокольная запись событий из уст главного героя. Но сначала пару слов о нем самом.

Я познакомился с ним случайно, когда возле Госфильмофонда в Белых Столбах под Москвой сел в такси и назвал водителю адрес:

— В Москву, Останкинская телестудия...

Молодой парень-шофер включил счетчик, и мы тронулись. Дорога предстояла неблизкая — часа полтора езды. Мы закурили, я молча дымил в распахнутое окно, зеленые поля Подмосковья стелились по обочинам дороги. Минут через пять парень покосился на меня, спросил нейтрально:

— Значит, на телевидении работаешь.

— Да.

— Кем?

— Администратором.

— Угу... Понятно... — Мы опять помолчали, мне было неохота ввязываться в разговор, но он вдруг сказал:

— А вот такую передачу можешь сделать — про блядство в натуральной жизни?

Я молча посмотрел на него — сейчас будет рассказывать о взятках в таксопарке, это любимая тема всех таксишников. Но парень молча и хмуро вел машину. Потом спросил:

— Ты женат?

— Нет.

— И не был?

— Нет, не был.

— И правильно. Все они бляди!.. Слушай, я вижу, ты человек культурный, образованный. Можешь мне посоветовать? Только я тебе все сначала расскажу. Все равно делать нечего, час ехать. Дай закурить, что ты куришь?

Я дал ему болгарскую сигарету «ВТ», он жадно затянулся и усмехнулся:

— Ладно, слушай. Может, кино еще такое снимешь. Мне срок дадут, а ты про меня кино сделаешь, прославлюсь, едрена мать... — И опять усмехнулся кривой горькой усмешкой. — Ладно. Я год как после дембеля. Ты в армии служил?

— Было дело, служил.

— Ну вот, друг. Я тоже. Прошлый год дембельнулся, весной. Ну, приехал домой, думал пойти учиться. Но — куда там! Дома жрать нечего, мать влежку лежит с почками, а на операцию ложиться боится — зарежут. Ты ж нашу медицину знаешь — бесплатная. А за бесплатно кто ж ей операцию будет делать? Студенты. Ну, я снес в комиссионку все, что до армии таскал, даже туфли свои выходные. Сто двадцать рублей наскребли, легла она в больницу. А я пошел в таксопарк наниматься. Как был в армейском, так и пошел — в хэбэ и в кирзухе. Но ничего, приняли — у меня корочки армейские, первый класс, на Урале в автовзводе служил, командира полка возил на «газоне». Взяли меня, дали машину — развалюху, конечно. Но я ее всю вылизал, сам двигатель перебрал, в общем, сделал. Ну и вышел на линию. А ребята из таксопарка говорят: ты, говорят, к гостиницам жмись, там клиент жирный. А мне, сам понимаешь, бабки нужны, я же в одной гимнастерке остался и сапоги — кирза. А лето — ноги печет в кирзухе-то. Ладно. День проработал, два — нет навара. План надо дать? Надо. Механику в таксопарке в лапу нужно сунуть? Нужно. Мойщику тоже. Диспетчеру. Ведь они ж как? В парк приезжаешь — они тебе не в глаза смотрят, а в лапу — сколько даешь? А уж потом здрасте, как дела, чего с машиной нужно делать... Короче — самому слезы остаются. А на третий день у гостиницы «Москва» садится ко мне на переднее сиденье фифа одна, на артистку похожа — ну, которая в «Шербурских зонтиках» играла...

— Катрин Денев? — сказал я.

— Может быть... Короче, ничего особенного — кожа да кости. Ну, глаза еще. Мариной зовут. Ну, это я потом узнал, как зовут... А сначала только спрашиваю: куда, мол, ехать? А она молчит, курит. А потом так ножками, коленкой о коленку, постучала и говорит: «Заработать хочешь?» Ну а кто заработать не хочет? «Хочу, — говорю, — а что делать?» — «А ты не ссученный? — говорит. — В милицию не стучишь?» Ну, я ей чуть по шее не дал за это. «Нет, — говорю, — не стучу. А в чем дело?» А она мне и предлагает: «Я, — говорит, — тут мужиков кадрю у гостиницы, командированных всяких. А хаты у меня нету, у тетки живу. Ну вот. Я, — говорит, — буду их к тебе в машину сажать, и ты куда-нибудь в лесок на полчасика — по Калужскому шоссе или к Домодедово. Ну, я их обслужу по-быстрому, за двадцать минут, пока ты в лесочке погуляешь, а деньги пополам, по-честному. Идет?» И в глаза мне смотрит, шалава. «Десятку, — говорит, — будешь с каждой ездки иметь, если не больше. Пять клиентов в день — это точно, — говорит, — гарантия. А то и больше». Ну, я удивился сначала — молоденькая такая, ну семнадцать лет, а по пять человек в день пропускает, если не больше! Ну, что мне делать? Я в хэбэ да кирзе, деньги нужны, это она точно высчитала по моей гимнастерке. «Ладно, — говорю, — попробуем. Только чтоб они по счетчику тоже платили». «А как же, — говорит, — конечно! Стой здесь, никого не сажай!» — и сама юрк в гостиницу и через пару минут уже выходит с одним старпером. Я как на него глянул — ну восемьдесят лет старику, одуванчик! А туда же! И можешь себе представить — он к ней уже в машине полез! А у нас машины, видишь, какие? Это в иностранных кино такси с перегородками. А у нас просто. Но я везу их — мне что? Мое дело — крути баранку! А они там сзади возятся, он сидит, ширинку расстегнул и пиджаком ей голову прикрывает, чтоб из соседних машин не увидели, значит. А сам так стонет, сука, что у меня... ну, сам понимаешь! Короче, пока я из центра на Каширское шоссе выскочил, он уже два раза отдыхал. Ну, думаю, хватит с него, умрет ведь сейчас, я и то весь мокрый от пота. А он — нет, разохотился, одуванчик, — вези, говорит, в лес. Ну, я их завез, мне что — счетчик цокает. Остановил машину и пошел грибы собирать — время как раз грибное было. Но далеко от машины не отхожу — ключ-то в машине, чтобы счетчик работал, а мало ли чего им сдуру в голову стукнет, вдруг угонят машину? Короче, собираю грибы, из-за кустов на машину поглядываю, и, конечно, слыхать мне все, даже как дышат они, и то слышно. И интересно все-таки. Я про проституток слыхом слыхал, конечно, но чтобы вот так своими глазами видеть — не приходилось. Так что я раз от разу выгляну из кустов и вижу их рядом с машиной, на травке. Работают! Крепкий старичок ей попался, одуванчик, а сухостойкий. Когда слышу — все, захрипел и отвалился. А она уже зовет: «Митя, поехали!» Это меня Митей зовут, Дмитрий я. Ну, поехали. Он ей в машине тридцатник отстегнул за три сеанса и мне четвертной, по счетчику. И что ты думаешь? Она мне честно пятнадцать рубликов отдает у гостиницы и тут же за новым клиентом ныряет. Короче, стали мы с ней так в паре и работать. Уж чего я видал — ты в кино не покажешь! Ну, когда старики к проституткам липнут — это куда ни шло, понятное дело, кто им задаром даст? Но когда молодые — это, я тебе доложу, трудно выдержать! Особенно грузины и армяшки до русских девок охочи! И жарят без продыху! Платят хорошо, нет слов, но лучше б я тех денег не видел! Дай сигаретку...

Он снова закурил и жадно затянулся несколько раз подряд. Мы подъехали к Домодедово, уже виден был аэропорт, взлетающие и садящиеся «Ту» и «Антоны».

— Н-да... Грузины и армяне это дело хорошо знают, я не спорю. С коньячком девочку пользуют, не всухую. И обязательно ее догола раздевали. Разложатся на одеяльце — она себе одеяльце специально завела, мы его в багажнике возили, — ну, вот, разложатся на одеяльце голячком возле машины, а я вокруг хожу, на стреме. И мне, конечно, видно все и слышно все, хоть я за кустами. Чаще она одного клиента брала, но иногда — и двоих. И когда они вдвоем с ней работали, то и платили по двойному тарифу, конечно. Но я тебе скажу: она эти деньги отрабатывала! Гад буду! Иногда такая харя попадется — я б такому в жизни не дал ни за какие деньги, от него потом за километр воняет, ноги немытые, — мне ж из-за кустов видно! А она — ничего, терпит. И, главное, все на нее здоровые мужики падали! Прямо липли к ней битюги, ей-богу! У них инструмент не знаю какого размера — лошадиный! А она ж хрупкая, худая, я ж тебе сказал — как эта, из «Шербурских зонтиков», как ее?

— Катрин Денев...

— Ну! Спичка! А они с ней что делали! Что делали! Бывало, она уже стонет вся, а они ее животом на капот, как цыпленка на сковородку, и ломают, и ломают... Она платок зубами зажмет, молчит, но мне ж видно! У меня аж слезы из глаз, гад буду... Конечно, за извращения она с них тоже вдвойне брала. Но им-то, армянам, эти деньги — тьфу, бумага, они вагон цветов толканут на рынке — пол-Москвы купить могут. А ее за эти деньги — пополам ломали! Н-да... Короче, как тебе сказать? В общем, втюрился я в нее. Вот так, можешь себе представить. Ее на моих глазах делали кто попало — и чучмеки, и инвалиды, а я вокруг раскаленный ходил за кустами, все видел своими глазами и втюрился! Может, потому, что тоже хотел, да тут у любого температура подскочит, а может, потому, что для нее это было — тьфу, как с гуся вода, не прилипало. Только закончит с очередным-то и тут же — на переднее сиденье, в зеркальце вот это смотрит на себя, губки красит и еще на меня зыркает и хохочет: «Ну что, командир? Хватит на сегодня или еще четвертак сорвем? А лучше, — говорит, — поехали, батнички тебе купим. Я, — говорит, — на Пушкинской улице в женском сортире такие батнички у фарцы видела — закачаешься, голубые — тебе к лицу как раз». И представь себе — вот это все, что на мне, она мне покупала. Иногда даже без спросу, за свои деньги, ага! В общем, что тебе говорить — втюрился я в нее, а как — сам удивляюсь. Втюрился, но молчу и ее не трогаю, конечно, не прикасаюсь и даже вида не показываю. Вижу, как ее другие ломают, мучаюсь, поубивал бы их всех, деньги бы их вонючие в глотку бы им заткнул, и если б она хоть знак подала, что тоже ко мне что чувствует. Но она — нет, работает себе, и все. Иногда меня на нее такая злость брала — убил бы ее монтировкой! Особенно когда с ними стонать начинала и дышать с подхрипом. Она мне, конечно, рассказывала, что это она так — подыгрывает клиенту для его же кайфу. Но подыгрывает или нет — хрен ее знает, а только мне-то из-за кустов каково было слушать? Она ж стонет голая и еще ручонками своими обнимает всякого, сучка тонкая... Н-да... Ну, а потом осень пришла, мать я схоронил, как раз на октябрьские праздники забирал труп из морга, неделю не работал. Но, веришь, я материн гроб в могилу опускаю, а сам про эту Марину думаю — как там она, не стыкнулась ли с другим шофером? Вот такие мы мужики курвы все-таки! Короче, вышел я опять на работу, подъезжаю к ее дому в Теплом Стане — я ж за ней домой давно заезжал, как шофер персональный, — смотрю: стоит в окне, ждет. Ну и закрутилось все по новой. Только холода ж начались, дожди. В лесу уже не ляжешь, под дождем-то. Ну, стала она в машине это делать, а я, значит, под дождем круги гуляю. А холодно, ноябрь, сам знаешь. Она мне, значит: никуда не ходи, сиди в машине! При них то есть. Они на заднем сиденье, а я впереди. Ну, это я уж не мог стерпеть. Раз попробовал, два — не могу! Она с клиентом работает, а меня по шее рукой гладит и закурить просит — можешь себе представить? Короче, не выдержал я. «Все, — говорю, — или ищи себе другого шофера, или завязывай и давай жениться!» Так и сказал. И что ты думаешь? Поженились! Деньги были, денег мы много за лето сколотили, у меня на книжке полтора куска, и у нее тысчонка была. Справили свадьбу. Марина ко мне переехала, и стали жить. Можешь себе представить, счастливей меня не было в Москве человека, жили мы с ней — ну душа в душу! Она завязала, конечно, с этим делом, я один вкалывал, а она — дома. Каждый день меня встречала как Бога — то блинов напечет, то пироги с капустой, то кулебяку. Короче, душа в душу жили, как голуби. В выходной обязательно или в кино сходим, или на эстрадный концерт, культурно. И чтобы я ей когда вспомнил за прошлое — ни в жизнь, слова не сказал даже по пьянке. Да я и непьющий, так разве — по праздникам. И что? Восемь месяцев прожили как голуби, она с меня пух снимала. После работы придешь усталый — она меня в душе мочалкой моет и песни поет, вот гад буду! Н-да... Ну вот... А вчера, значит... Гм... Н-да... Вчера, значит, пошел я на работу к шести утра, как обычно. С час отработал, наверно, и у меня коробка передач полетела. Оно и неудивительно — машина ж без продыху круглые сутки работает — то я на ней, то сменщик, то я, то сменщик. А он еще скоростью тормозить любит, молодой, да... Ну, вызвал я из нашего гаража «техничку», они машину забрали, а я — домой. В восемь я уже дома. Своим ключом открываю, захожу по-тихому — думаю, спит жена, зачем будить? И иду в спальню. И что ты думаешь? Что вижу? Она с моим сменщиком в нашей кровати — аж стонет и мостиком выгибается! Н-да...

Он замолчал. Надолго. Мы въезжали в Москву. На Калужском шоссе зажглись уличные фонари, хотя вечер был летний, светлый.

— Ну? — сказал я, не выдержав.

— Ну что? — Он глубоко вздохнул. — Возле них табуретка стояла с его штанами. Ну, я этой табуреткой врезал ему по голове. Сначала ему, а потом ей. Два удара. Ей по лицу попал.

И он опять замолчал. И, сузив глаза, будто еще видя ту картину, двумя руками жестко держал баранку. Как, наверно, ту табуретку. У меня перехватило дыхание.

— И что? — спросил я хрипло.

— И ничего, — ответил он спокойно. — Лежат они оба там. Вторые сутки уже. Мертвые. Я их запер и пошел на работу. Взял другую машину, вот эту, думал махнуть куда-нибудь в Крым или сам не знаю куда. До Калуги доехал, а там заночевал и решил: все равно ж поймают. Что в Крыму, что не в Крыму... Вот ты по виду интеллигентный человек, дай совет. Мне самому в милицию идти сдаваться или погулять еще? Сколько мне дадут за убийство?

ЧАСТЬ II

РУКОПИСЬ ОТ ОЛЬГИ

Женщина есть жертва новейшего общества.

Честь женщины общественное мнение относит к ее... а совсем не к душе, как будто бы не душа, а тело может загрязниться. Помилуйте, господа, да тело можно обмыть, а душу ничем не очистишь. Замужняя женщина любит тебя от мужа, но не дает тебе — она честна в глазах общества; она дает тебе — и честь ее запятнана: какие киргизкайсацкие понятия! Ты имеешь право иметь от жены сто любовниц — тебя будут осуждать, но чести не лишат, а женщина не имеет этого права, да почему же это, говнюки, подлые и бездушные резонеры, мистики, пиэтисты поганые, говно человечества?

Женщина тогда блядь, когда продает тело свое без любви, и замужняя женщина, не любящая мужа, есть блядь; напротив, женщина, которая в жизнь свою дает 500 человекам не из выгод, а хотя бы по сладострастию, есть честная женщина, и уж, конечно, честнее многих женщин, которые, кроме глупых мужей своих, никому не дают. Странная идея, которая могла родиться только в головах каннибалов, — сделать... престолом чести: если у девушки... цела — честна, если нет — бесчестна.

В. Белинский

Глава 1

КРИМИНАЛЬНЫЕ ИСТОРИИ НА ЭРОТИЧЕСКОМ ФРОНТЕ

После рассказа Андрея об изнасилованиях и убийствах на почве ревности мне легко подхватить эстафету и продолжить эту книгу. Ведь это моя территория — я по профессии юрист и таких историй могу рассказать десятки. Вот, например, несколько особо интересных случаев из нашей адвокатской практики.

...Это дело мы разбирали на юридическом семинаре. Как особо показательное в психологическом отношении. А дело такое...

Одна женщина, молодая, 30 лет, жила вдвоем с семилетней дочкой, без мужа. И знакомится с одним инженером, 35 лет мужику, симпатичный.

Стали они встречаться и сожительствовать. И она в него по уши влюбилась. И он тоже был к ней неравнодушен, а не просто так... Короче, он у нее остается чуть не каждую ночь, и предаются они любви с большой страстью и темпераментом. А рядом, в этой же комнате, на детской кровати девочка спит, дочка семи лет. И конечно, от их возни девочка по ночам просыпается и ныть начинает, хныкать. А мужчина ей тут же говорит: «Иди к нам, Леночка». Ну а дети, сами знаете, к маме в постель с удовольствием. Уляжется девочка между ними, и они ее оба гладят, ласкают, пока она не уснет, и тогда мужчина относил девочку в ее кровать, а потом они с мамой предавались любви с новой силой и страстью.

Но вскоре эта женщина стала замечать, что мужчина охладевает к ней, что уже секс у них не такой замечательный, как раньше. А она уже любит этого мужика, боится потерять и вот однажды спрашивает: «Слушай, в чем дело? Почему ты изменился ко мне?» А он отвечает: «Ты меня любишь?» «Люблю, безумно». «Так вот, — говорит мужчина, — я хочу, чтоб твоя дочка с нами в одной постели спала и чтоб я мог ласкать ее во время нашего акта». «Да ты что?! — восклицает женщина. — Ты с ума сошел? Ей семь лет!» Она и раньше замечала, что он девочку ласкает не совсем по-отечески, по-взрослому — и грудку ей гладит, и ногами обнимает ребенка, но она не придавала этому значения, а теперь сразу поняла. Этот мужчина мог делать хороший секс, только когда его возбуждал ребенок. Ну, она, конечно, в ужасе, а мужчина и говорит: «Или она будет с нами в постели третьей, или я от тебя ухожу!»

Ну и, короче, женщина сдалась. Потому что любила его ужасно. И стала девочка третьей партнершей в их ночных любовных играх. Конечно, сначала она не понимала, что с ней делают и почему дядя Игорь заставляет ее целовать ему между ног, и очень пугалась, когда от ее поцелуев там что-то росло и поднималось. Короче, вы понимаете: семилетнюю девочку, первоклассницу, ей в восемь утра в школу идти, а они ее по ночам использовали для возбуждения.

Причем этот мужчина все внушал этой девочке, что ничего в этом нет страшного, что все девочки через это проходят и молчат, и она тоже должна молчать — никому ни слова. А мать, уже совершенно безвольная и одуревшая от своей любви к этому мужику, ему поддакивала. И заставляла девочку целовать своего любовника во все, как вы понимаете, места.

В общем, девочка стала подавленная, нелюдимая, истеричная, в школу перестала ходить и однажды заявила, что — все, не будет больше ничего делать. Они пробовали уговаривать ее, делали ей подарки, мать плакала — девочка ни в какую, билась, кусалась, истерики устраивала.

И тогда мужик говорит: «Все, ухожу». Женщина в плач — любит его. И вот он ей говорит: «Если ты не хочешь, чтоб я ушел, — хорошо, я останусь. Только я без третьего партнера не могу с тобой любовью заниматься. Если ты хочешь, чтоб я остался, я приведу своего приятеля. А иначе я ухожу от тебя».

И женщина согласилась. И вот он стал приводить своего приятеля, и теперь они занимались любовью втроем. Мать спала с двумя мужиками на глазах у своей дочки. Девочка стала опять ходить в школу, но они, конечно, ее так запугали — она там никому об этом ни слова. И вообще стала замкнутой, угрюмой, злой. Можете себе представить жизнь этой девочки: по ночам в одной комнате с двумя мужчинами, которые употребляют ее мать и спереди, и сзади, и во всех возможных и невоз-

можных положениях. Оба мужика молодые, крепкие, едва один слабеет и утихнет, другой возбуждается и опять трахает ее мать так, что не только
мать стонет и вскрикивает, но и кровать под ними
ходуном ходит. А этот Игорь еще помогает своему
приятелю — ложится сверху на него бутербродом,
и они вдвоем на матери скачут, и он от этого возбуждается. Или они еще ставили мать, голую, на
колени и заставляли ее сразу два их члена сосать.
Короче, они уже совершенно забывали о девочке в
этих играх, не стеснялись ее, проснулась она или
не проснулась, они занимались своим делом, и все
больше в раж входили, от ночи к ночи.

Ну а женщина, какая она ни забитая стала и раз-
вращенная, но что-то материнское в ней еще было
все-таки, как ни наслаждалась она этой любовью
втроем, этими двумя мужиками, но материнское сознание все-таки ощущало, что все это — на глазах у
родной дочки.

И она решила как-то с собой бороться и пошла
в Институт семьи и брака к врачу-сексопатологу.
И рассказала ему, что вот, мол, так и так — я живу
сразу с двумя мужчинами, и мне это очень нравится, я уже с одним не могу, если муж не приводит
приятеля, то я уже тоже не могу заниматься сек-

сом, но я, мол, понимаю, что это ненормально, что же мне делать? А врач ей говорит: вам нужно постепенно от этого отвыкать, иначе у вас может быть психический сдвиг. Ну вот, приходит эта женщина домой и говорит мужу — а они уже брак зарегистрировали с этим Игорем, — приходит и говорит, что — все, я была у врача, нам нужно прекратить жить втроем и постараться научиться жить как люди. А он говорит: «Раз так, я от тебя ухожу». И ушел.

И через два дня эта женщина сходит с ума — во-первых, она его любила ужасно, во-вторых, вся ее психика уже была напряжена и разрушена. Короче, на второй день после того, как этот Игорь от нее ушел, женщина сходит с ума, на работе с ней происходит припадок, и ее прямо с работы увозят в психбольницу имени Кащенко. А девочку забирает к себе в семью мать ее школьной соседки по парте.

И вот живет девочка в чужой семье, в нормальной, и однажды — ребенок все-таки! — в порыве откровенности рассказывает своей приемной матери все как есть — и про мать, и про дядю Игоря с его приятелем, и про то, что ее заставляли по ночам делать с дядей Игорем. Под большим детским секретом все, как было, рассказала доброй тете, у которой жила. А та — немедленно в школу, к учительнице, а учительница к директору, а директор, ясное дело, — в следственные органы.

Ну вот... Когда мать этой девочки вышла из больницы, она тут же пошла за дочкой к той женщине. А та не отдает девочку, говорит: вы развратница, против вас возбуждено уголовное дело.

И действительно, было следствие, был суд — этому инженеру Игорю дали десять лет за растление малолетней, а мать приговорили к условному сроку заключения и разрешили ей взять дочь и жить под надзором райотдела опеки. Разрешили потому, что на суде эта женщина откровенно сказала, что жить с одним мужчиной она теперь не в состоянии, это ее абсолютно не возбуждает, а жить с двумя она не будет из-за страха сойти с ума и попасть в психбольницу. Так что мужчины теперь для нее — запретный плод, и единственное, что ей остается, — дочка, которой она теперь посвятит всю жизнь. А не будет дочки, что ее удержит от разврата и от психбольницы?

А другая история — сельская, случилась в Костромской области.

Маша Белова, 18 лет, доярка колхоза «Завет Ильича» в Костромской области, была известной деревенской шлюхой. Вся деревня Красные Горки переспала с Машей, и не один раз. Сельские мальчишки за бутылку водки приобщались у Машки к первым любовным играм, а молодым сельским парням Машка давала задаром.

И случилась на деревне свадьба. Тракторист Алексей Посохин, красивый парень, гармонист, женился. На свадьбу пригласили всю деревню, но невеста поставила жениху условие: только чтоб не было на свадьбе Машки Беловой. «Ну как так? — сказал жених. — Вся деревня будет, а Машки не будет. Это ведь еще хуже. Она напьется где-то и пришагает на свадьбу все равно, да еще буянить станет!» Короче, уговорил он невесту не позорить Машку и пригласить ее тоже.

И вот — свадьба. Дым коромыслом с самого утра. В полдень выпили всю водку, какая была, распечатали сельский ларек, вытащили из подвала последние три ящика «Московской» и к вечеру опорожнили последнюю бутылку. Кончилась водка, да свадьба не кончилась — гуляет народ и выпить хочет. А пить нечего. У кого что было в доме в заначке — давно принес и сам же и выпил. И тут

Машка и говорит: «Я знаю, у кого самогонка есть, — у лесника Савелия. Но я к нему лесом идти одна боюсь, пусть меня жених проводит».

Невеста, конечно, ни в какую — не пущу Лешку с Машкой в лес, и все тут. А народ свое — давай водку, пущай идет, ничего с ним Машка не сделает, мы, мол, время засечем, чтоб за сорок минут обернулись. Туды и обратно — сорок минут, ничего не случится.

Короче, пошел жених с Машкой к леснику Савелию во имя всеобщего блага. А дорога — лесом. И ночь в лесу.

Минут через двадцать, когда уже к дому лесника приближались, Машка говорит: «Подожди, Леха, устала я, все ж таки целый день пили, давай передохнем». И села в траву на полянке. А жених возле нее на пенек сел, курит. А Машка подползла к нему и говорит: «Давай, Леша, поиграем, побалую я тебя». «Да ты что! — говорит жених. — С ума сошла? У меня свадьба сегодня!» «Ну ничего, ничего, — отвечает Машка. — Что ты из себя целку строишь? Что мы с тобой, не баловались, что ли? Я тебя с пятнадцати лет балую...» А сама уже и ласкает его, целует, ну и он стал отвечать на ее ласки. Тут Машка расстегивает его ширинку и ныряет к нему туда головой. Ну, и все произошло, конечно, но только пьяный Леха в тот же момент и уснул. А утром просыпается и ничего не помнит — как он в лес попал, почему Машка у него меж колен спит. Он ее тормошит: «Вставай, мол, Машка, мы всю мою свадьбу проспали, как мы тута с тобой оказались?» А Машка — мертвая уже, холодная.

Медицинская экспертиза установила, что захлебнулась Машка жениховской спермой.

А однажды пришлось мне защищать одного из троих ребят, обвиняемых в групповом изнасиловании несовершеннолетней. Дело было заурядное и малоинтересное: трое ребят — двум по семнадцать лет, а третьему восемнадцать — пригласили к себе шестнадцатилетнюю проститутку, обещали заплатить и, когда набаловались с ней, не заплатили ничего и вышвырнули на улицу. А она со зла — в милицию, заявила, что ее изнасиловали. Ребят арестовали, посадили, началось следствие. Меня назначили защищать одного из них — восемнадцатилетнего высокого красивого парня. Следствие шло долго, около года, девчонку постоянно вызывали к следователю, устраивали ей очные ставки с этими ребятами, и вот в процессе этих очных ставок она влюбляется в моего подзащитного, в Генку Рыбакова. И пытается изменить свои показания, чтобы этого парня как-нибудь выгородить. А ребят обвиняли ни много ни мало — по статье 117-й части III — за групповое изнасилование в извращенной форме. Извращенная форма — это за то, что они ее заставили сделать им всем минет. Вообще, кто установил, что минет — это извращение, неизвестно, как будто есть какие-то легальные и нелегальные способы в сексе. Мы, адвокаты, сколько раз пробовали бунтовать против этого, но милицейским следователям на это наплевать: раз минет — значит, извращение, и все тут. И ребятам грозили большие сроки. Вот девчонка стала выгораживать своего возлюбленного. Но тут следователь ей пригрозил: «Будешь менять показания, сама сядешь в тюрьму вместе с ними за ложные показания».

И тогда она выяснила, кто у этого Генки защитник, и пришла ко мне излить душу — что вот, мол, влюбилась в него и хочет его спасти. А как спасти, когда следствие уже закончено и вот-вот суд наступает? «Я, — говорит мне эта девчонка, — люблю его и выйду за него замуж, если он согласится. Тогда его могут освободить от наказания». И плачет — помогите, уговорите его жениться на мне. А сама крохотная, щупленькая, на вид четырнадцать лет, не больше, но потасканная, сразу видно.

Ну, я — в тюрьму, получаю свидание со своим подзащитным и объясняю ему ситуацию. «Если, — говорю, — женишься на ней, суд действительно может принять это во внимание». А он ни в какую: «И жениться на ней не хочу, и ребят предавать не стану. Вместе накуролесили, вместе и отвечать будем». Мальчишеская солидарность. И вот — суд. А судья попался — любитель посмаковать такие дела. Когда он судил за изнасилования, или мужеложство, или за всякие извращения на сексуальной почве, у него аж слюна текла от удовольствия.

И вот допрашивают одного обвиняемого, второго, подходит очередь моего Генки Рыбакова. И тут судья говорит этой пигалице:

— Ну-ка, встань. Посмотри на себя. Ты же крошка еще, пигалица, чуть выше табуретки. И ротик у тебя крохотный. А теперь посмотри на него, на Рыбакова. Он ростом метр девяносто. Вот я листаю материалы следствия. Смотри, вот заключение медицинской экспертизы: у него член в спокойном состоянии восемь сантиметров, а в возбужденном — семнадцать.

Тут нужно пояснить, что во всех делах по изнасилованиям медицинская экспертиза действительно представляет такие данные. И вот судья ей говорит:

— У него же член в возбужденном состоянии — семнадцать сантиметров. Как же он мог заставить такой большой член взять в такой маленький ротик?

А девчонка, желая выгородить своего любимого, отвечает:

— Да что вы, гражданин судья, у меня в мой маленький ротик не только такой большой помещается, а два таких!

Ну, мы, адвокаты, покатились со смеху, а судья спрашивает:

— А ты пробовала сразу два брать?

— Конечно, гражданин судья! Сколько раз!

И — представьте себе — этот смешной поворот дела спас ребят от максимального наказания. Посадить-то их посадили, но дали минимальное наказание — по четыре года. Так что эта пигалица вполне могла бы дождаться своего возлюбленного. Но дождалась или нет — не знаю, скорей всего нет, конечно, хоть уходила из зала вся в слезах и кричала этому Рыбакову, когда его стража уводила:

— Гена, я тебя люблю! Я тебе передачи буду носить!..

А еще одно необычное дело было в Москве, в Бауманском районе. Муж обвинялся в изнасиловании собственной жены.

На суде выяснились следующие подробности. Молодожены Григорий и Светлана Молоковы жили в одной двухкомнатной квартире с родителями Григория. Григорий попивал и зачастую приходил с работы домой пьяный и еще приводил собутыльников — слесарей со своего станкостроительного завода. Мать неоднократно грозила выгнать его за это из дома, отправить в милицию на пятнадцать суток и так далее. Невестка молчала, терпела пьянство мужа, хотя, конечно, и ей это было не по нраву. Однажды Григорий, как обычно, пришел домой после работы уже под мухой, и тут еще, где-то в десятом часу, к нему в гости завалился его приятель с бутылкой водки. Пить сели на кухне, молодая жена посидела с ними да и ушла спать, а родители уже спали в своей комнате. Приятели же засиделись за бутылкой за полночь, пока всю не допили, и тут Григорий предложил своему приятелю остаться у него ночевать — мол, куда ты попрешься ночью выпивши, в метро милиция не пустит. А где же спать, когда в комнате у новобрачных одна койка? Решили таким образом: Светлану, молодую жену, отодвинули к стеночке, муж лег рядом с ней, а приятель, одетый, — с краю. Уснули. Часа через два Григорий проснулся, желание взыграло в нем, и он полез к своей жене. Но она, конечно, ни в какую. «Ты что, — говорит, — с ума спятил, тут человек посторонний, остынь!» А Григорий настаивает: «Хочу, мол, и все тут». А Светлана сопротивляется: «Нет, я так не могу, при посторонних-то!» Тут приятель проснулся. «Что за шум?» — спрашивает. «Да вот, — говорит ему Григорий. — Родная жена не дает! Представляешь?!» «Как это — не дает, — говорит приятель, — по какому праву?» «А ну держи ее! — говорит Григорий. — Действительно!» Стали они вдвоем Светлану скручивать, приятель Григория ее за руки держит, Григорий внизу ловчится, а Светлана орет, брыкается и каким-то образом удирает от них в комнату к свекрови. А та ей говорит: «Долго ты еще будешь терпеть это безобразие? Они тебя насильничали, беги в милицию и заяви, что они тебя насильничали». То есть против своего же сына настропалила невестку, так осточертели ей пьянки сына. Ну, и Светлана, взбешенная, побежала, как была распатланная и в синяках, в милицию и заявила.

И Григорий за попытку изнасилования собственной жены получил семь лет, а его приятель — за хулиганство пятнадцать суток.

Ну и последняя история просто уникальная, я ее приберегла под финал главы.

Как говорится, жили-были муж с женой. Только он любил ее чрезмерно и ревновал безумно. Куда бы ни посылали его в командировки — а он был модным архитектором, — повсюду возил с собой жену, даже на три дня не оставлял одну в Москве. Она брала отпуск на своей работе и ездила с ним в командировки. И так прошло несколько лет.

И однажды она ему сказала перед очередной его командировкой:

— Послушай, мы уже шесть лет вместе живем, дочке уже три года, а ты меня все ревнуешь, как безумный мальчишка. Я же тебя люблю, я даю тебе честное слово, дочкой клянусь, что не изменю тебе.

Позволь мне остаться дома, я устала таскаться за тобой в командировки.

— Хорошо, — говорит он. — Ты меня действительно любишь?

— Да. Очень.

— Докажи это. Я могу тебя оставить, но при условии, если я тебе туда, на влагалище, надену замок.

— Как это? — изумилась она.

— А так. Прокалывают же женщинам уши — и ничего. Вот я куплю крохотный замочек, самый маленький для чемоданов, мы проколем тебе губы влагалища и оденем замочек, и ключи я увезу с собой в командировку. Тогда я поверю, что ты меня любишь и не изменяешь.

И что вы думаете? Женщина согласилась. Муж купил маленький замок, накалил толстую иглу, проколол этой иглой губы ее влагалища, запер их на замочек и уехал с ключиком в командировку.

На второй день эту женщину в бессознательном состоянии с общим заражением крови привезли в больницу имени Склифосовского. Дежурный врач осмотрел ее поверхностно, ничего не обнаружил и вызвал гинеколога. Когда в Склифосовского привозят женщин в тяжелом состоянии, всегда вызывают гинеколога. И вот гинеколог раздел ее догола и увидел:

там у нее все распухло от гноя, а посреди опухоли — железный торчит замочек.

Женщину — на операционный стол, одновременно — переливание крови и все, как полагается, и заодно вызвали следственные органы. Как-никак, а случай уникальный. И пока женщина была без сознания, на искусственном питании валялась в больнице, следователи стали искать преступника. Пошли по соседям в доме у этой женщины, а те, узнав подробности, сразу сказали, что сделать это мог только ее собственный муж, потому что он любит и ревнует ее безумно.

Ну и вызвали его из командировки, и обвинили в преступлении — в членовредительстве с отягчающими последствиями. Он и не отпирался, но, желая взять всю вину на себя, сказал, что он сделал это насильно. И только когда женщина пришла в себя и узнала, что мужу грозит тюрьма, она вызвала в больницу следователя и заявила, что он дал ложные показания, что совершили они это вдвоем, при ее полном добровольном согласии.

— Но как же вы могли согласиться на такое? — изумились следователи.

— Я хотела доказать ему, что я его действительно люблю, — сказала она.

Глава 2
ТАЙНА МУЖСКОЙ ШИРИНКИ

В начале этой книги я обещала рассказать о том, как во мне в четырнадцать лет проснулась женщина. Я была тогда школьницей, училась в восьмом классе, и однажды в гостях у своей школьной подружки увидела итальянский порнографический журнал. Прямо на обложке этого журнала была огромная, во всю страницу, цветная фотография красивой итальянской девочки-блондинки, которая с восторгом облизывает огромный сиренево-напряженный мужской член. Помню, при первом же взгляде на эту фотографию у меня захватило дыхание и кровь бросилась в лицо. Маринка, моя подружка, стала показывать мне другие фотографии в этом журнале, там были самые разные позы мужского и женского соития, там молодые голые женщины лежали, сидели и стояли с распахнутыми ногами и раскрытыми влагалищами, а мужчины, тоже абсолютно голые, стояли или лежали над ними с возбужденными членами, там были даже фотографии группового секса, но все это уже не произвело на меня такого впечатления, как первая, самая яркая картинка. У той девочки, которая на обложке журнала облизывала мужской член, был такой восторг на лице, столько удовольствия и истомы в полузакрытых глазах, что мне до ужаса, до ломоты в суставах захотелось немедленно попробовать это незнакомое, запретное лакомство.

До этого, как я уже писала, я была еще только девочкой-подростком, женственность дремала во мне, как вино в плотно запечатанной бутыли, а тут — будто вынесли этот сосуд на солнечный свет и открыли. Ослепительная вспышка чувственности пробудила во мне женщину. Не девушку, нет, а сразу женщину. Мне захотелось немедленно найти вот такой же большой, взрослый, сиреневый, с темными прожилками и вишневой головкой мужской член и прикоснуться к нему своим языком. Даже при первом воображении этого у меня от страха становилось холодно в груди и что-то поджимало живот. И помню, я как полоумная четыре дня бродила по московским улицам, упорным взглядом рассматривая мужские ширинки. Но все в них было как будто примято, приглажено, ничего не оттопыривалось в этом месте настолько, насколько должно было бы оттопыриваться, если бы там было то, что я искала. Я никак не могла понять, как можно носить в брюках такой большой предмет и чтоб он не оттопыривал брюки, и решила, что, видимо, такой большой предмет бывает далеко не у всех мужчин, и все искала мужчину, у которого хоть что-нибудь там оттопыривается.

Помню, некоторые мужчины, перехватив мой взгляд, удивленно и обеспокоенно бросали взгляд на свои брюки, думая, наверное, что у них не застегнуто, а потом еще раз смотрели на меня уже пристально, с вниманием и вопросом, но я уже отворачивалась — у них ведь ничего не оттопыривалось, и поэтому они меня уже не интересовали.

На пятый день у нас в школе был урок физкультуры, плавание. Тренировка была в закрытом плавательном бассейне соседнего стадиона. Уже при выходе из раздевалки я бегло осмотрела бедра своих одноклассников, но — нет, в их плавках тоже

Эдуард Тополь

не мог помещаться тот большой предмет, который я искала. Там что-то выделялось, конечно, но это были маленькие мягкие комочки, мне стало жалко этих мальчишек, которые, наверное, тоже никогда не станут такими настоящими мужчинами, как там, на картинках итальянского журнала. Разбежавшись по трамплину, я прыгнула в бассейн и тут, еще на лету, увидела загорелую фигуру нашего тренера, его бедра и плавки на них. Темные стандартные плавки мощно обжимали какой-то большой и весомый предмет.

Прыжок не получился, я плюхнулась в воду не вытянув носки и зашибла себе пятки, но уже не это меня волновало. Тренер! Наш тренер, сорокалетний, — мне он тогда казался чудовищно старым, у него уже лысина была в полголовы, морщинки на лбу и седые виски, — но именно он носил в своих плавках то, что я столько дней искала!

Я стала плавать, успокаивая себя, присматриваясь к нему. Он бегал по краю бассейна, пытаясь утихомирить ребят на мужской половине бассейна, что-то кричал им, потом заставил их играть в ватерполо и перешел к нам, девчонкам, и стал обучать нас кролю и брассу, но я держалась от него

278

подальше, я все не могла придумать, как же мне
теперь быть. Ну, вот я нашла мужчину — и что
дальше? Что мне — подойти к нему и сказать: «Виталий Борисович, что у вас там в плавках, покажи-
те, пожалуйста»? Конечно, это было бы глупо. Я
ожесточенно плавала от одного края бассейна к
другому и не знала, как мне быть. Между тем урок
заканчивался. Усталые девчонки уже ушли в раз-
девалку, и только ребята еще баловались на своей
половине, и Виталий Борисович уже звал их, а вы-
гнав, перешел на нашу половину бассейна и крикнул мне: «Оля, в чем дело? Идешь на побитие
мировых рекордов?»

Я не ответила. Доплыв до края бассейна, я
перевернулась под водой и что есть силы поплы-
ла обратно, а он быстрым шагом шел вдоль бор-
та, поглядывая то на меня, то на секундомер и
крича: «Ничего! Неплохо! Давай! Жми! Дыши
ровней! Не загребай так! Плавно! Ноги тяни!
Хорошо!..»

Я сделала еще два заплыва и, совершенно обес-
силев, стала с трудом подниматься по лесенке наверх. Он протянул мне руку, вытащил меня из
бассейна, и я, еле дыша, села на краю бассейна.
От усталости и возбуждения у меня кружилась го-

лова и сердце грохотало в груди. А он стоял надо мной и говорил:

— Молодец! Отлично! Тебе нужно тренироваться. Слышишь?

Я взглянула на него снизу вверх и снова увидела его плавки, обтягивающие этот крупный, похожий на артиллерийское орудие предмет. Жар бросился мне в лицо, и не только в лицо, наверное, я покраснела вся, даже спиной. Он присел рядом со мной, обнял за плечи:

— Что с тобой? Нехорошо?

Почти непроизвольным, вялым движением я прижалась к нему, к его плечу и локтем прикоснулась к этому предмету в его плавках. Он замер, я просто почувствовала, как он замер. Конечно, он подумал, что это случайно произошло, что сейчас я в испуге или смущении уберу локоть, но я не убрала. Не потому, что не испугалась или не застеснялась, а потому, что ощутила, как там, под его плавками, что-то ожило, шевельнулось и напряженно поползло вверх, оттопыривая плавки.

Мы были уже одни в бассейне, и, может быть, это мое прикосновение к нему длилось несколько секунд, но мы оба замерли в эти секунды, у меня даже сердце перестало стучать, и все, что я чув-

ствовала, было — как быстро, напряженно растет
вдоль моего локтя этот предмет и как наконец он
превозмог резинку плавок и вырвался наружу и
горячим ожогом коснулся моей голой руки.

Виталий Борисович крепко взял меня рукой за
талию и быстро поднялся, поднимая и меня тоже.

— Иди сюда, — сказал он глухим голосом. —
Иди за мной. Я покажу тебе несколько приемов
плавания...

Держа меня за руку, он быстрым шагом повел
меня в свой кабинет-каморку за раздевалкой. По
дороге он коротким жестом упрятал в плавки то,
что у него выпирало, а правой рукой так больно
сжимал мою руку, словно я могла убежать. Но я не
собиралась бежать. Я шла за ним покорно, как в
бреду, но в то же время все понимала: он ведет
меня к себе, сейчас, сейчас случится что-то очень
важное. Мне было страшно интересно.

Мы вошли в его кабинет-каморку, завален-
ную волейбольными мячами, кругами и прочим
спортивным барахлом. Он тут же запер за собой
дверь на ключ. Потом повернул меня лицом к
себе и попробовал заглянуть в глаза, но я стояла,
не поднимая ресниц, еще мокрая от воды. Тогда
он снял с вешалки большое махровое полотенце,

набросил мне на плечи и стал обтирать меня, и тут же быстрым движением расстегнул мне лифчик купальника. Я непроизвольно дернулась, но его крепкие руки держали меня за плечи, лифчик словно упал в полотенце, а он тут же поцеловал меня в оголенную левую грудь. Волна жара, истомы упала мне в ноги. А его губы были уже на моей правой груди, они забрали в себя не только сосок, но и всю грудь, и моя голова сама откинулась назад, но тут я ощутила, что он уже снимает с меня трусики.

— Нет! — выдохнула я и решительно, со всей силой ухватилась за свои трусики и сжала коленки. Он остановился в недоумении. Потом двумя руками взял меня за голову и заставил посмотреть ему в лицо. Его глаза смотрели на меня с пристальным вопросом. Я опустила глаза, а он мягко, но сильно привлек меня к себе, все мое тело. Я была ниже его ростом, и теперь я всем животом почувствовала этот большой предмет, рвущийся из-под его плавок, даже сквозь плавки он был горячим и жестким. А он, руками обнимая меня за спину, вдавливал меня всю в себя, и я поддалась этому, и уже сама — животом и ногами — прижалась к нему.

Махровое полотенце упало с моих плеч, я сделала какое-то непроизвольное движение вслед за ним, вниз, и тут же ощутила, как его сильные руки тоже прижимают мои плечи вниз, к его плавкам и этому предмету. Это было то, что я так хотела найти все эти дни. Выскочившая из плавок розовая головка его члена была у моей щеки, а Виталий Борисович одной рукой крепко держал мой затылок, а другой уже спускал с себя плавки, и теперь именно такой, как на картинке, большой, крепкий, напряженный, розовый, в темных синих прожилках мужской член вздрагивал передо мной приливами возбуждения.

— Возьми! Возьми его! — глухо говорил надо мной Виталий Борисович. — Стань на колени.

И надавил мне рукой на плечи так, что я стала перед ним на колени.

Действительно, на коленях было удобней. Я осторожно, двумя руками взяла этот предмет. Он был горячий и твердый и подрагивал у меня в руках, будто дышал.

— Губами возьми, губами!..

Но я видела на картинке, как та девочка облизывала его языком, и я хотела, чтобы все было как на картинке.

Поэтому я осторожно, боязливо прикоснулась к нему языком. Виталий Борисович аж застонал:

— Еще! Еще так! Весь — языком!

Это было интересно. Это было интересно и приятно — вести языком по стволу его члена и слышать, чувствовать, как напрягаются его сильные ноги, будто каменеют, а сам он стонет от блаженства.

— А теперь — в рот. В ротик возьми! Ну, быстро! — Он держал мою голову двумя руками за затылок, но я шеей еще сопротивлялась его нажиму, я только коснулась губами головки, но он тут же надавил так сильно, что я невольно открыла рот шире и его член ушел мне в рот так глубоко, что я отпрянула.

— Не бойся! Не бойся... — Он ослабил нажим на затылок. — Не бойся. Ты первый раз? Делай так, как будто ешь эскимо. Ну, попробуй. Я не буду давить...

Я стала губами облизывать его член. То, о чем я мечтала четыре дня, свершилось — я была точь-в-точь как та девочка на картинке журнала. Напряженный мужской член, весь в темных прожилках, большой, с гладкой, как луковица, головкой, был в моих руках, я приподнимала его, подлизывала языком от корня, как девочка на картинке, а потом брала его в губы и губами облизывала эту головку, словно эскимо, с каждым разом забирая ее в рот все глубже. Он был безвкусный, но теплый, живой, трепещущий и толкающийся под небом, и какое-то странное сочетание страха и удовольствия заставляло меня, закрыв глаза, уже самой, без помощи и нажима Виталия Борисовича сосать этот член даже с каким-то, я бы сказала, самозабвением.

Позже, через много лет, я поняла, что, видимо, такое же удовольствие получают мужчины, когда целуют вас в грудь, сначала целуют, а потом — сосут, как грудные дети. Нам, женщинам, не дано так точно скопировать младенческое наслаждение во взрослом возрасте — я несколько раз пробовала сосать мужскую грудь, это совсем не то. Но видимо, в подсознании остался рефлекс грудного ребенка, и когда вы сосете что-то живое, теплое, когда вы можете забрать это к себе в рот, как когда-то забирали в рот материнскую грудь, рефлекс срабатывает и возрождает память о младенческом наслаждении.

Так или иначе, но я открыла, что лукавая девочка с обложки итальянского журнала была права — сосать этот предмет приятно, мысли отлетают куда-то в сторону, о них забываешь, двумя руками держишься за крепкий и живой корень члена или жесткий, в волосах мешочек с яичками, а язык, небо, рот, губы — все становится одним инструментом игры, твоим главным органом вбирания, втягивания и выталкивания, одним сосательным органом.

Постепенно передвигая свои руки от головки к корню и мешочку с яичками, я все больше и больше забирала в рот член Виталия Борисовича — уже не только головку, но и ложбинку между головкой и стволом, а потом и часть ствола с голубыми прожилками. Я чувствовала, что он уже проталкивается вдоль моего языка к горлу, что еще немного, и я стану задыхаться, и вот это заполнение всей полости рта крепким и упругим предметом и ощущение что вот-вот, одним нажимом он может пронзить тебя насквозь или ты сама можешь пронзить им себя, и искушение взять глубже, еще глубже, еще, вобрать его в себя целиком, как, наверное, когда-то хотелось вобрать в себя материнскую грудь, — этот комплекс рождал сочетание страха и удовольствия, и даже удовольствия в самом страхе, потому что испытать страх, обмирать от страха —

тоже порой приятно, во всяком случае — когда имеешь дело с мужчиной.

Конечно, в ту мою первую встречу с мужским членом я не анализировала все это, я была просто взбалмошной любопытной девчонкой, которая впервые держала в руках то, о чем читала только на заборах, и оказалось, что это совсем не так ужасно и отвратительно, и вообще непонятно, почему это слово такое бранное, когда на самом деле этот предмет можно целовать и даже сосать с большим удовольствием. И при этом там, внизу, под животом, пробуждается что-то еще незнакомо приятное, волнующее, и какие-то судорожные толчки истомы бегут оттуда, снизу, по вашему животу, рождая не осознанное еще тогда мной желание, и уже не голова, не сознание управляет вами, а вот этот внутренний позыв. Я вдруг ощутила, как все мое тело задвигалось в такт этому позыву, бросая мои губы вперед и вперед заглатывать, засасывать этот возбуждающе горячий предмет, я еще не осознавала, что это за чувство во мне, откуда оно, но в эту минуту уже какая-то сильная клейко-соленая струя ударила вдруг из этого предмета в мое горло. Слава Богу, Виталий Борисович тут же и вытащил его из глубины моего рта, давая мне возможность не захлебнуться, но вытащил не целиком, а, крепко держа меня жесткими сильными руками за затылок, говорил: «Глотай, глотай!» Я слышала его сквозь туман ужаса, как сквозь воду, когда тонешь, и я брыкалась в его руках, словно тонущая, но он не выпускал моей головы, а говорил настойчиво, просто приказывал: «Глотай!» И хотя слезы брызнули из глаз, я сглотнула — куда было деваться. Я проглотила эту горько-солоноватую жидкость, в ужасе думая, что это он пописал в меня. Потом я оттолкнула его от себя наконец и тут уже увидела сквозь слезы, что эта жидкость совсем другого цвета, что из головки его члена сочится что-то белое. И пока я хватала открытым ртом воздух, он успел снова войти мне в рот, и голос его звучал умоляюще:

— Ну, еще, девочка, еще чуть-чуть! Отсоси до конца!

Теперь, когда я увидела, что это совсем не моча, мне стало легче, спокойнее, я уже покорно проглотила еще две порции и ощутила, как в моих ладонях и во рту этот предмет успокоился и стал отмякать.

Виталий Борисович бессильно отстранился от меня, я все еще стояла на коленях, утирая слезы и соленые губы, и тут я увидела то, что поразило меня больше всего в этот день: этот большой предмет, который я искала столько дней и нашла наконец, он на моих глазах стал вдруг все уменьшаться и уменьшаться, не только прячась куда-то внутрь, но и обвисая крючком, как малюсенькая сосиска.

— Потрясающе, девочка! Потрясающе! — говорил Виталий Борисович. — У тебя просто талант.

Я не слышала его. Я смотрела с изумлением и страхом на то, как уменьшается его предмет, и не понимала, почему его это не беспокоит. А он уже надел плавки и брюки, и теперь ничего не выпирало в них, совсем как у всех остальных мужчин. И только теперь у меня мелькнула догадка, что, может быть, у всех мужчин, от которых я отворачивалась на улице с презрением и жалостью, тоже есть в штанах что-то, что может быть таким же большим и интересным. А Виталий Борисович, гладя меня по голове, сказал:

— Я включу тебя в сборную по плаванию, и мы поедем на сборы «Динамо». У тебя просто талант...

Глава 3

КАК НЕПРОСТО ПОТЕРЯТЬ ДЕВСТВЕННОСТЬ

Казалось бы, потерять девственность очень легко. Стоит снять трусики, раздвинуть ноги и... А на деле это далеко не так. И самое трудное здесь — найти мужчину, который сделает вам эту операцию психологически правильно и безболезненно. Потому что иначе женщина может стать фригидной или вообще возненавидит всех мужчин. У меня есть масса знакомых женщин, которые до сих пор не имеют понятия о настоящем сексе только потому, что сняли трусики и раздвинули ноги совсем не тому мужчине.

Да, первый мужчина — это как второй отец. Вслед за родителями, которые дали вам жизнь, он дает вам понимание и ощущение этой жизни в ее полном объеме.

Конечно, когда я приобщилась к тайне мужской ширинки, я понятия не имела обо всех этих проблемах. На спортивных сборах общества «Динамо» в городе Краснодаре, куда повез меня Виталий Борисович в составе сборной нашего района по плаванию, чувственность и любопытство вели меня от одного спортивного члена к другому. А точнее, они сами передавали меня от ширинки к ширинке знаменитых тогда спортсменов — чемпиона СССР по фехтованию Г., чемпиона по спортивной гимнастике А., чемпиона по самбо О., тренера белорусского «Динамо» З. и так далее. Да, мужские ширинки распахивались передо мной там повсюду — и в номерах спортивной гостиницы «Динамо», и в раздевалке плавательного бассейна, и просто в парке, на пляже. И пенисы — большие и небольшие, сухостойкие и нетерпеливо-влажные с самого начала — я довольно быстро привыкла к горьковато-клейко-соленому вкусу мужской спермы и глотала ее уже без отвращения, а то небольшое возбуждение, которое возникало у меня самой в ходе минета, не успевало развиться в сексуальное женское желание, как они уже кончали. Как известно, женщина возбуждается медленнее мужчины, тут нужен длительный подготовительный период настроя, но при минете такого периода нет. Те мужчины, с которых я начала, были к тому же спортсмены, готовились к соревнованиям и потому берегли свои силы. Тренеры вообще запрещали им заниматься сексом перед выступлениями. Но в роскоши короткого минета они себе отказать не могли.

А потому никакой подготовки, настроя не было — они зазывали меня к себе в номер или в парк на прогулку, два-три поцелуя, и вот уже крепкие мужские руки наклоняют мою голову вниз, к паху, где в полной боевой готовности подрагивает от возбуждения очередной вздыбленный предмет. И то ли я делала это слишком хорошо, то ли они давно держали себя на голодной сексуальной диете, но чаще всего процесс длился не больше минуты, я еще только приближалась к своему возбуждению, а уже первые фонтанчики спермы ударяли мне в горло, в небо или в язык. На большее эти спортсмены не претендовали, даже тренеры. Имея возможность удовлетворить свою похоть таким легким и приятным способом, они уже не хотели тратить силы ни на что другое. К тому же чисто психологически это было для них куда проще, ведь лишать пятнадцатилетнюю девочку девственности и хлопотно, и ответственно — это статья 171-я Уголовного кодекса, «растление несовершеннолетних», а тут — никаких хлопот, снял плавки, дал отсосать и — будь здорова!

Я спрашиваю себя сейчас: а что же вело меня в то время от одного мужского члена к другому, от одной ширинки к следующей? Распущенность? Нет, я так не думаю. Я была до этого нормальной девочкой, любопытной — да, но не более того, это любопытство толкнуло меня сделать первый минет, а потом? ПРОБУЖДЕНИЕ ЖЕЛАНИЯ! Никогда до этого я не целовалась с мальчишками или взрослыми парнями и не знала этих восходящих стадий пробуждения желания — поцелуи, объятия, прижимание тела к телу, ласковое прикосновение мужских рук к шее, груди и так далее. Минуя все это, я сразу нырнула к мужской ширинке, но моя внутренняя сексуальность не могла обойтись без этих подготовительных ступеней, и потому, когда они уже кончали, чувственность во мне еще только-только начинала пробуждаться и требовала продолжения. Это продолжение я искала, видимо, в следующих минетах, но они не были непрерывными, между ними было время, иногда день или два, или, во всяком случае, несколько часов, и следовательно, все как бы начиналось сначала и опять же не доходило до кульминации.

Конечно, ни о каких спортивно-плавательных достижениях речи не было — Виталий Борисович взял меня запасной в команду юношеской сборной нашего района, во время тренировок я плавала вместе со всеми, и, кажется, не хуже других, но на соревнованиях сидела на скамье запасных. Впрочем, меня это не очень огорчало. У меня была хорошенькая точеная фигурка, без той излишней полноты в ногах и плечах, которая появляется у профессиональных пловчих, у меня были стройные ножки, маленькая, но уже оформившаяся грудь, высокая шея и длинные волосы, и мне нравилось сидеть в красивом спортивном купальнике рядом с тренером и другими спортсменами и ловить на себе открытые, заинтересованные мужские взгляды и завистливые взгляды провинциальных краснодарских девчонок.

Я же со своей стороны уже наметанным взглядом следила за плавками на спортсменах и могла почти без ошибки определить, какой величины будет содержимое их плавок в возбужденном состоянии. И хотя я уже разобралась к тому времени, что величина еще не определяет стойкость, меня все еще влекли большие, как на картинке итальянского журнала, члены. Но даже самый большой, просто огромный член тренера белорусского «Динамо» не довел меня до подлинного возбуждения. И все потому, что не было подготовительной стадии.

И только однажды я почувствовала проснувшееся желание почти целиком. Произошло это в самолете.

За три дня до окончания сборов я получила из дома телеграмму — родители уезжали в отпуск и хотели, чтобы я приехала домой за пару дней до их отъезда. Виталий Борисович отпустил меня легко — нужды во мне как в пловчихе никакой не было, а в сексе он уже и так меня сменил на какую-то местную краснодарскую блондинку.

Я быстро собралась и поехала в аэропорт. Но среди лета достать на юге билеты на Москву — дело нелегкое, на аэродроме творилось что-то жуткое, аэропорт был запружен народом, люди сутками сидели в очередях в ожидании свободных мест. К вечеру я с трудом добралась до кассы и взяла билет аж на послезавтра. И тут я услышала, как какой-то молодой мужчина с таким же, как у меня, билетом на послезавтра просил диспетчершу пропустить его на летное поле, к самолету, который вылетал в Москву сейчас.

— Я — артист театра на Таганке, — говорил он ей. — Мне кровь из носу нужно завтра быть в театре, иначе сорвется спектакль.

При этом он украдкой сунул той девушке-диспетчеру плитку шоколада, и она сказала негромко, чтоб не слышала очередь:

— Ладно. Бегом вот сюда, посадка уже закончилась.

Но я ничего не видела...

Мужчина нырнул за стойку к служебному выходу на летное поле, я — за ним.

— Куда? — крикнула мне диспетчерша. Но я уже пробежала вместе с ним через дверь, и она не стала нас догонять, ее осаждала очередь крикливых пассажиров с детьми.

Мы выбежали на летное поле. Вдали, с уже включенными огнями и пустым трапом, по которому давно поднялись пассажиры, стоял готовый к отлету самолет.

— А ты куда? — крикнул мне на бегу мужчина.

— Туда же, в Москву!

Мы добежали до самолета, на верхней ступеньке трапа стояла стюардесса, она крикнула нам:

— Все! Посадка окончена! Мест нет!

— А где командир? Командир на борту? — крикнул ей снизу этот артист.

— Я сказала — все! Посадка окончена!

И в это время мы увидели экипаж — трое мужчин в летной форме шли по летному полю к самолету от здания аэровокзала: посреди пожилой, лет сорока семи, командир, плотный, коренастый крепыш в темно-синем форменном костюме, и с ним два молодых, лет тридцати, — второй пилот и штурман.

Артист поспешил к ним навстречу, я невольно потянулась за ним. Встретив их, он стал втолковывать командиру что-то о завтрашнем спектакле в московском театре, о том, что ему кровь из носу нужно быть к утру в Москве, а тем временем вся эта троица внимательно поглядывала на меня, и наконец командир сказал:

— А это кто? Тоже артистка?

— Ну... в общем... — замялся артист, чувствуя их явный интерес к моей персоне.

— Ну, если она меня поцелует... — сказал вдруг командир, усмехаясь, — я найду для вас пару мест.

Артист повернулся ко мне и тут же сыграл естественную непринужденность:

— Конечно! Какой может быть разговор?!

И тогда я — ничего больше не оставалось, представьте себе пустое ночное летное поле, готовый к отлету самолет и несколько фигур у трапа — я подошла вплотную к командиру самолета и на глазах у его помощников и стоящей на трапе стюардессы обвила его за шею руками, приподнялась на цыпочки и крепко поцеловала прямо в губы. Практически я почти висела на нем, держась за его шею двумя руками, и тело мое соприкасалось с его телом, и тут я почувствовала ногами, что там, в его штанах за ширинкой, тоже наметилось оживление. Я расцепила руки, опустилась на асфальт летного поля и весело посмотрела ему в лицо. Он усмехнулся и сказал:

— Прошу в самолет.

Самолет действительно был забит пассажирами до отказа, и потому стюардесса усадила нас с актером не в пассажирском салоне, а между ними — в отсеке у входной двери на двух откидных стульчиках. Когда самолет взлетел, стюардесса принесла нам плед на случай, если будет холодно, и через час, когда пассажиры первого и второго салонов уснули, мы с актером оказались совершенно одни в этом отсеке. Собственно, нас тут и с самого начала почти никто не беспокоил — для пассажиров первого салона туалет впереди, а для пассажиров второго салона — сзади. На этих откидных стульчиках-сиденьях не было подлокотников, поэтому ничего не отделяло меня от актера, мы с ним оказались бок о бок и локоть к локтю, а потом, когда в полете стальная дверь самолета покрылась изнутри изморозью на заклепках и вдоль шва и стало действительно холодновато, мы с ним завернулись в один плед, он обнял меня за плечи, я прикорнула у него на плече, и оба мы попробовали вздремнуть.

Но я не спала. В конце концов я впервые в жизни познакомилась с настоящим артистом из настоящего театра, да еще из какого — из Театра на Таганке! Когда мы поднимались по трапу в самолет, он сказал командиру, что приглашает его на любой спектакль в свой Театр на Таганке и гарантирует лучшие места. А мне, едва мы остались с ним одни в отсеке, сказал:

— Молодец, выручила, как настоящая артистка. Сколько тебе лет?

— Пятнадцать, — соврала я, чуть прибавив, и мне показалось, что это его несколько разочаровало, он призадумался. Потом мы еще поболтали немного, я рассказала ему о спортивных сборах, а он назвал мне несколько фильмов, в которых он снимался и снимается сейчас, и я вспомнила, что действительно видела его лицо в кино.

Наконец мы затихли под пледом. Он сказал, что устал за день, была трудная киносъемка, а утром ему уже нужно в театр на репетицию. И затих, задремал.

А я все не спала. Моя голова лежала у него на плече, я слышала его ровное дыхание, и ощущала у себя на плече тяжесть его руки, и все гадала: спит он или не спит, неужели он может вот так легко, без всяких, спать, обнимая меня? Что я для него — пень? Пустое место? Уродина какая-то? На меня обращали внимание чемпионы страны, тренер белорусской сборной, между прочим, четыре дня меня обхаживал, а на стадионе, когда я сидела в спортивном купальнике на скамье запасных, с меня десятки мужиков глаз не сводили... А он... Ну, подумаешь, артист! Конечно, у этих артистов десятки красивых женщин, а на Таганке, когда они выходят после спектакля, толпа девчонок с цветами поджидает их у входа, я сама видела, и они там, безусловно, могут взять себе любую, и все-таки...

Неужели он спит? Сколько ему лет? Тридцать или тридцать три? И почему он спросил у меня, сколько мне лет? А если бы мне было шестнадцать или семнадцать, он бы тоже вот так спокойно спал? Я пошевелилась чуть-чуть, будто во сне. Он тоже шевельнулся, не открывая глаз.

— Вы не спите? — спросила я негромко.

— Сплю, — сказал он, но рукой чуть плотней прижал меня к себе, а вторую руку, под пледом, вдруг положил мне на грудь. Я замерла. Вот те раз! Что делать? Вот так сразу — руку на грудь! Сбросить? Отодвинуться? Выскочить? Или просто убрать его руку своей рукой и сказать: «Не надо». Но тогда он действительно решит, что я маленькая девчонка, и уснет себе, и не видать мне знакомства с настоящим артистом из Театра на Таганке... Так я сидела, замерев и не зная, что делать, но и он не шевелился и дышал ровно и спокойно, как во сне. В конце концов, подумала я, ну и пусть лежит его рука, где лежит, если ему так удобно, он ведь больше ничего и не делает — ну, положил руку на грудь, и все. Действительно, так даже удобней сидеть, и немножко приятно чувствовать мужскую руку у себя на груди.

Неожиданно его пальцы чуть шевельнулись, слабо, почти неслышно, сжав мою грудь, и это тоже оказалось приятно, и я снова не отреагировала, не шевельнулась, не запротестовала.

Теперь в ночном полумраке самолетного отсека мы оба сидели с закрытыми, как во сне, глазами, не шевелясь, но под пледом, укрывавшим наши плечи, началась своя возбуждающаяся жизнь.

Мерно и мощно гудели двигатели самолета, в салонах самолета пассажиры спали, внизу, под нами, на глубине нескольких тысяч метров, была земля, а здесь, в небе, под пледом «Аэрофлота», рука моего соседа спокойно расстегнула пуговички на моей блузке, потом — переднюю застежку бюстгальтера (я сделала короткое, неуверенное движение сопротивления, но его вторая рука чуть сильнее прижала меня к нему), и вот он уже держит ладонь у меня на груди, обнял этой ладонью всю грудь и несильно, приятно мнет ее, гладит сосок, а другой рукой чуть приподнимает мое лицо за подбородок и целует в губы. Приятная волна истомы идет по мне от груди и целующихся губ куда-то в живот, в ноги...

Мы целуемся долго, все крепче. Его мягкие теплые губы держат мои губы, и я чувствую ими его влажные зубы и кончик его сильного языка, я слышу, чувствую, как он гладит мою грудь, потом живот, потом вторую грудь и снова живот, и у меня замирает дыхание от истомы и просыпающегося желания, и я чуть шевелю губами в ответ на его поцелуй.

Теперь его рука уверенно, властно гуляет по моему телу. Грудь, живот до кромки трусиков и джинсов, потом плечо, шея и снова грудь.

Тем временем, все больше распаляясь, мы целуемся, и мой язык уже у него во рту. От этих поцелуев мое сознание отлетает куда-то за борт самолета, мы и так в поднебесье, но теперь я еще и внутренне куда-то лечу, воспаряю и только ощущаю, что его рука все чаще упирается в край трусиков и джинсов, а потом — как раз тогда, когда внизу моего живота появляется какое-то новое, уже сверлящее жжение, или нет — какое-то теплое пульсирование, — именно в этот момент его рука вдруг ныряет под резинку трусиков и ложится именно туда, где что-то легко и тепло пульсирует.

Я задохнулась, дернулась было, но он крепко обнимал меня другой рукой и не отпускал моих губ, а вторая его рука плотно лежала в самом низу моего живота, будто успокаивая пульс. Я почувствовала, как его указательный палец лег на губы влагалища, и я испугалась, что он сейчас просто проткнет там все этим пальцем, но он сказал в этот момент негромко: «Не бойся, я не пойду дальше», и действительно, он только мягко, приятно-нежно прижимал свой палец к этим губам, и я ощутила, как что-то влажное появилось там из меня, и это влажное смочило его сухой, чуть шершавый палец и сделало его еще приятней, нежней.

Теперь он перестал меня целовать, теперь мы сидели, просто обнявшись под пледом, и все мое существо сконцентрировалось на этом нежно-легком, уверенном и приятном поглаживании его ладони и пальцев внизу моего живота, где я сочилась истомой и непонятным желанием. Второй рукой он взял меня за локоть и направил мою руку к своей ширинке и прошептал: «Расстегни там», — но я и без него знала, что он хочет, и привычной рукой нырнула к нему под трусы. Горячий, вздыбленный член его оказался у меня в руке, я обняла его ладонью и стала медленно и нежно водить вверх и вниз, в такт движению его пальца у меня на влагалище. Но резинка его трусов мешала мне, мне было неудобно, и тогда он сказал:

— Опусти! Опусти мои трусы и брюки!

— Вы с ума сошли!

— Ерунда. Все спят. Под пледом ничего не видно. Давай! — сказал он весело, и мне вдруг тоже стало весело от этого приключения, и он чуть приподнялся на сиденье, а я двумя руками сняла с него брюки и трусы до колен, и теперь его освобожденный член был весь у меня в руках, он подрагивал, пульсировал.

— Сядь ко мне на колени, — сказал он вдруг.

— Да вы что! Сюда же могут войти!

— Ерунда! Ты сядь боком. Под пледом ничего не видно. Давай!

Он чуть приподнял меня рукой, под низ моего живота, а когда я садилась к нему на колени, он вдруг быстро, ловко спустил мои расстегнутые джинсы и трусики, и я — практически голая — оказалась у него на коленях, а его член уже вместо пальца оказался у меня меж ногами. Каким-то непроизвольным движением я сжала его коленками. Крепко, как клещами.

Он заерзал. Держа меня двумя руками за бедра, он попробовал приподнять меня — не вышло, попробовал разжать мои ноги, но, хотя я не рекордсмен по плаванию, ноги у меня крепкие, я судорожно сжимала их.

— Ты девочка? — спросил он.

— Да.

— Ч-черт! — сказал он с явной досадой. — Ладно, садись на место.

И сам стал надевать мне спущенные трусики и джинсы. Я села на свое место рядом с ним и затихла, я уже догадывалась, что сейчас произойдет, — сейчас он заставит меня сделать ему минет, но он все медлил. Он сидел, тяжело дышал, лениво обнимая меня одной рукой, голова откинута, глаза закрыты. Мне было жалко и его, и себя. Мне очень хотелось продлить то наслаждение истомой, которое родилось под его ладонью внизу моего живота, и я знала, что оно продлится во время минета, но не полезу же я сама к нему в ширинку.

Укрытые пледом, мы сидели молча и разгоряченно. Вялой рукой он снова взял меня за локоть и направил мою руку к своему члену.

Я нашла его член и стала гладить, чуть сжимая. Толстый ствол был напряжен до предела.

И тогда он сильной рукой вдруг нажал мне на затылок и сказал, как когда-то Виталий Борисович:

— Поцелуй! Я прошу тебя: поцелуй!

Наверное, он думал, что и тут я ничего не умею. Но, укрытая пледом, я с удовольствием принялась за знакомое дело.

Он застонал от удовольствия, новое желание и истома родились внизу моего живота, но тут он кончил, сперма ударила мне в рот, я еле успевала сглатывать.

Обессиленный, он с закрытыми глазами откинулся к стене, и я выпростала из-под пледа голову, утерла губы и тоже откинулась, дыша открытым ртом и слушая, как колотится мое сердце и как там, внизу живота, живет неутоленное жжение.

И в эту минуту в отсеке появился командир самолета. Он посмотрел на нас, решил, что артист спит, и, поманив меня жестом к себе, спросил тихо:

— Хочешь посмотреть кабину летчиков?

Я заерзала, незаметным движением застегнула джинсы и еще повозилась немного, застегивая под пледом блузку. Потом осторожно, будто артист и на самом деле спит (он замер под пледом со спущенными брюками и притворился спящим), я аккуратно выбралась из-под пледа, не открывая артиста, и ушла за командиром самолета.

Войди он пару минут назад, хорошую бы он увидел картину!

Через первый салон со спящими пассажирами командир самолета провел меня к двери в пилотскую кабину и открыл ее. За дверью была небольшая рубка штурмана. Конечно, это командир сказал мне, что это рубка штурмана. Здесь, в окружении больших ящиков с мигающими глазками, сидел молодой тридцатилетний блондин штурман, а потом была еще дверь, и когда командир открыл ее, я ахнула от восторга. Через стеклянную конусообразную кабину я увидела рассвет с высоты тысячи метров — я не могу это описать! Далеко впереди нас перистые облака были окрашены оранжево-зеленым светом восходящего солнца, внизу, далеко-далеко внизу, сквозь облака была видна земля — вся как лоскутное одеяльце в стежках речек, и самолет плыл над ней в окружении каких-то огромных ватно-белых хлопьев облаков. Нет, я все равно не могу этого описать...

Второй пилот — командир назвал его Володей — сидел справа в глубоком кресле, держал руку на какой-то рогатине (командир сказал мне, что это штурвал), над ним была большая панель с разными приборами и лампочками. Точно такое же кресло с такими же приборами и штурвалом было пусто слева, и командир вдруг сказал мне:

— Садись, поведи самолет.

Я посмотрела на него с испугом, но он улыбался поощрительно.

Я расхрабрилась и залезла в пустое кресло, но тронуть штурвал самолета я, конечно, боялась.

— Смелей! — усмехнулся командир. — Берись за штурвал.

Он взял мою руку и положил ее на штурвал, и теперь моя рука была на штурвале самолета, а на моей руке — рука командира, и он сказал второму пилоту:

— Убери автопилот.

И вот я чувствую, как сильная, уверенная рука командира чуть нажимает мою руку и штурвал чуть-чуть, на сантиметр, уходит вперед, и вижу, как земля и горизонт падают вниз, а мы словно идем вверх и вверх. Я поднимала самолет! Крепкая рука командира лежала на моей руке, и я почувствовала, как какой-то ток восторга и преданности прошел от меня к нему по этой руке, и в ответ он чуть сжал мою руку и заглянул мне в глаза.

— Нравится? — спросил он. — А теперь на себя, чуть-чуть.

Мы с ним выровняли самолет и опять повели его по курсу, я все не убирала своей руки со штурвала, и командир не убирал руку с моей руки, а другой рукой он надел на себя ларингофон.

И в это время второй пилот вдруг щелкнул каким-то рычажком, встал со своего кресла, вышел из кабины и закрыл за собой дверь.

Теперь мы с командиром вели самолет действительно вдвоем, и он все смотрел на меня и улыбался, и какой-то ток все шел и шел через наши руки друг к другу.

— Нравится? — опять спросил он.

— Очень! — сказала я.

Он нагнулся ко мне и поцеловал меня в губы, и я сразу ответила на этот поцелуй и тут же испугалась, что пошевелила рукой.

— Ой! Я двинула тут что-то! — сказала я. — Мы с курса собьемся!

Он улыбнулся:

— Не бойся. Мы уже на автопилоте. Ну-ка, поцелуй меня еще раз.

Я сделала это с удовольствием. Я сидела в кресле командира самолета «Ту-104» на высоте семи тысяч метров над землей и целовалась с командиром в пустой кабине, и чувствовала, как еще не остывшее, неутоленное артистом желание поднимается снизу моего живота и кружит мне голову. И я чувствовала, что такое же желание проснулось у командира. Я понимала, что второй пилот ушел не зря, что никто сюда не зайдет без разрешения командира и никто нам не помешает, и самолет идет на автопилоте, сам по себе, и потому я смело сняла руку со штурвала и обняла командира. Нам было очень неловко целоваться в тесной кабине, командир стоял над креслом согнувшись, и моя голова упиралась ему в бедро, и я сразу почувствовала, как в его синих авиационных брюках стала оттопыриваться ширинка.

Я знала, что мне предстоит сделать, и сама захотела этого.

И, не спрашивая его, я спокойно расстегнула пуговички у него на ширинке. Под брюками у него были белые индийские трусы с прорезью посередине, и я легко, даже не снимая с него трусов, извлекла через эту прорезь коричнево-розовый напряженный член и поцеловала его. Командир замер в неудобной, скрюченной позе, но не двигался. Только дышал надо мной.

Я обцеловала его член со всех сторон, облизала язычком, как эскимо, и когда командир от наслаждения задышал уже открытым ртом — прерывисто, пристанывая, я взяла в рот и мягко, нежно стала сосать, все глубже и глубже забирая в себя весь член. Рассвет встал над нашей Родиной. Трудовой народ просыпался в этот час и выходил на новую трудовую вахту.

Сто пассажиров могучего «Ту-104» спали в трех салонах у меня за спиной.

Оранжевое солнце вышло из-за горизонта и ослепительным светом хлынуло поверх облаков в нашу кабину.

Мерно гудели мощные двигатели самолета, и на крыльях его вспыхивали зеленые и красные огоньки.

Мы летели над необъятными просторами нашей могучей страны, и в кабине самолета, на высоте семи тысяч метров над землей, я, делая минет командиру самолета, вдруг впервые в жизни почувствовала фантастическое, небесное наслаждение — что-то творилось внизу моего живота, что-то истекало и кружило голову, и неземная слабость и невесомость опустошили мое тело. Я кончила, почти теряя сознание от этой слабости. Не помню, как кончил командир, как я сглотнула его сперму, я сидела в командирском кресле, откинувшись от слабости к спинке, с закрытыми глазами, каждая клеточка моего тела была уже без сил и без сознания.

Командир застегнул брюки и сел в кресло второго пилота. Будто сквозь пелену тумана я слышала, что он стал говорить о чем-то по рации с землей, называя:

— Харьков! Харьков! Я — борт 24-17. Иду в своем эшелоне. Видимость отличная. Пересекаю вашу зону. Прием.

И какой-то голос сказал по радио в кабине:

— Борт 24-17. Борт 24-17. Вас понял. Вас вижу. Идете в своем эшелоне. До Москвы видимость отличная. Счастливого полета.

Что ж, для меня это был действительно счастливый полет, я стала в нем женщиной, хоть и не в полной мере, конечно, но я поняла, какое это наслаждение — быть женщиной.

И, прилетев в Москву, я ринулась искать это наслаждение, я задалась целью немедленно стать женщиной в полном смысле этого слова.

Глава 4

КАК НЕПРОСТО ПОТЕРЯТЬ ДЕВСТВЕННОСТЬ
(Продолжение)

Рано или поздно эта проблема встает перед каждой девушкой — стать женщиной до замужества или ждать первой брачной ночи. Конечно, все книжки и родительские наставления твердят об одном — хранить девственность до замужества и преподнести эту девственность своему мужу в первую брачную ночь как бесценный дар, как знак честности. А если ты выходишь замуж не целкой, то это позор, бесчестие не только невесте, но и мужу. В старину, если обнаруживалось, что невеста не девственна, ворота дома ее родителей мазали дегтем, а ее, бесчестную, с позором выгоняли из дома жениха. Этот обычай сохранился и сейчас в наших деревнях, но чаще всего «обманутый» муж предпочитает молчать о своем «позоре», оставляет «бесчестную» жену дома и за это превращает ее жизнь в цепь побоев, унижений и кошмаров. А чтобы скрыть позор первой брачной ночи, наутро из дома жениха, как и положено по обычаю, выносят на крыльцо для всеобщего обозрения простыню с пятнами крови. Только при обмане кровь эта, конечно, не из влагалища, а из разбитого мужниным кулаком носа — кровь, смешанная со слезами избитой «бесчестной» невесты.

Сегодня этот варварский обычай уже не так распространен, как раньше, лет пятьдесят назад. В городах его совсем не соблюдают — кому в городских домах будешь показывать простыни первой брачной ночи, когда соседи тут годами живут, не зная друг друга? Да и молодежь смеется над этим обычаем, презирает его.

И вообще потеря девственности до замужества уже перестает быть общественным позором, особенно среди городских жителей. Стать женщиной, «вкусить от запретного плода» — эта идея приходит сейчас городским (да и многим сельским) девчонкам в 14—15 лет, и на наших закрытых адвокатских семинарах и совещаниях мы постоянно слышим цифры и данные о медицинских обследованиях в московских, ленинградских, киевских, воронежских и других школах — 90, если не 100, процентов девяти- и десятиклассниц уже не девушки. Появился даже специальный термин — «школьная беременность», и в сводках годовых отчетов районных отделов народного образования есть новый регулярный показатель, скажем: в Дзержинском районе города Москвы — 17 процентов школьной беременности, по Приморскому району города Владивостока — 29 процентов школьной беременности, по городу Алма-Ата в Казахстане — 22 процента школьной беременности...

Сведения эти просачиваются в газеты — в «Литературную газету», «Комсомольскую правду», там глухо пишут о «единичных явлениях раннего созревания школьниц» и по мере возможности поднимают диспут о необходимости введения в школьные дисциплины предмета под названием «гигиена девушки» или «половое воспитание».

Но Министерство просвещения боится, что эти предметы только помогут «раннему созреванию» и «школьному разврату», научат подростков заниматься сексом.

А пока идет эта многолетняя дискуссия в закрытых педагогических кабинетах, тысячи девчонок самостоятельно делают друг другу чудовищные аборты шпильками и крючками для вязания, при мнимых и немнимых признаках беременности парят себя в горячих горчичных ваннах, чтобы прекратить беременность, и, стесняясь зайти в аптеку за противозачаточными средствами, используют вместо них просто уксус, который вливают себе во влагалище немедленно после акта.

Собственно говоря, противозачаточные средства тоже у нас не Бог весть какие: четырехкопеечные презервативы подмосковной Баковской фабрики — сухие и толстые резинки, сквозь которые мужчина уже вообще не чувствует женщину (не так ли, Андрей? Почему ты ничего не написал об этом в своих главах?), и белые толстые таблетки для женщин — эти таблетки нужно вложить во влагалище не позже чем за 20 минут до акта, и тогда, растворившись, они наполняют влагалище белой мыльной пеной, в которой гибнут сперматозоиды. Но при этом мыльная пена во время акта выходит наружу (мужской член как бы взбалтывает ее в коктейль) и портит все удовольствие секса. А кроме того, поди высчитай заранее, что через 20 минут — именно через двадцать, не раньше и не позже! — тебе ложиться в постель и заниматься сексом. Может быть, это подходит для супружеских пар в их размеренной половой жизни, но когда тебе 20, 18 или всего 16 лет, когда ты начинаешь целоваться, думая, что этим все ограничится, а через полчаса поцелуев взасос теряешь голову так, что забываешь обо всем на свете, а не только об этих пилюлях, и сама не замечаешь, как уже раздета в постели или в лесу под кустом, и, заламывая руки от желания, шепчешь ему: «Иди ко мне! Иди ко мне!..» — какие тут к черту противозачаточные средства!..

Конечно, в ту пору, когда я прилетела с юга, со спортивных сборов, в Москву и сошла с трапа самолета, я понятия не имела обо всех этих проблемах, я была ординарной пятнадцатилетней девчонкой, для которой подошло время стать женщиной. Мамины «не целуйся с мальчишками взасос, не разрешай им трогать себя за грудь и не езди с ними на мотоцикле» были давно забыты и нарушены, я ринулась выбирать мужчину, своего Первого мужчину.

И снова, как раньше в поисках большого мужского члена, я бродила по городу, присматриваясь к молодым и старым мужикам, и прикидывала, кому из них я могла бы отдаться. Стояло лето, родители уехали в отпуск, дома была одна бабушка, и я могла шляться допоздна по городу и пропадать где угодно без всякого контроля. Но и город был пуст, все подруги разъехались, я болталась по городу одна. Конечно, я находила в толпе мужские лица, которые меня привлекали, — обычно это были 28—30-летние, хорошо одетые мужчины, но, как правило, с ними всегда были девушки. Хорошие мужчины всегда заняты, черт побери! (А может быть, все иначе? Может быть, нам просто больше нравятся уже занятые мужчины?)

Как бы то ни было, мои блуждания по городу ни к чему не привели: то меня кадрили какие-то сопляки, а то уж совсем дряхлые старики.

После трех или четырех дней блуждания по городу я позвонила этому артисту с Таганки, но телефон молчал, я стала звонить ему каждые полчаса, боясь, что он снова улетел куда-нибудь на съемки или на гастроли. Я застала его за полночь, он обрадовался моему звонку (или сделал вид, что обрадовался). Во всяком случае, после короткого разговора о пустяках он пригласил меня к себе в Черемушки на завтра, в два часа дня. «Может быть, встретимся в городе?» — спросила я. «Ерунда! —

сказал он. — В городе жуткая жара, а у меня тут рядом плавательный бассейн, искупаемся, пообедаем, а вечером поедем в театр! Давай, подваливай к двум!»

Я прекрасно понимала, что в программе завтрашнего дня, кроме плавательного бассейна, обеда и театра, будет постель, но ведь я и хотела этого, еще как хотела!

По-моему, я не спала всю ночь. Лежа в постели, я гладила свою грудь, живот, бедра, словно проверяя, все ли на месте, касалась пальцами клитора и губ влагалища и даже разговаривала с ними про себя: «Подождите, подождите, миленькие, завтра все будет замечательно, завтра...» С улицы сквозь открытое окно нашей квартиры доносились то шум проезжающей машины, то женские или мужские шаги и голоса — я все слышала, я была как напряженная мембрана, все запахи мира и свет звезд пронизывали меня в ту ночь. Я забылась коротким сном лишь на рассвете и вскочила с постели в полвосьмого. Бабушка не понимала, что со мной происходит. Я выгладила свое лучшее летнее платье, голубое в красный горошек, я приняла душ, тщательно вымыла голову и помчалась в соседнюю парикмахерскую делать завивку. Там я час выстояла в очереди и еще час завивалась, поминутно поглядывая на часы — не опаздываю ли? — и наконец, красивая, нарядная, в новеньких туфельках и в лучшем платье, с подведенными глазками и завитыми волосами, как принцесса, как кукла, через весь город поехала к Нему.

В метро я ловила на себе пристальные взгляды молодых и пожилых мужчин, и это еще больше напрягало, натягивало мои нервы, и, возбужденная, бледная, я нашла наконец его улицу и дом с лифтом, поднялась к нему на одиннадцатый этаж. О, как колотилось сердце, когда я остановилась перед дверью его квартиры! Я перехватила ртом воздух, сглотнула какой-то ком в горле и вдруг спросила у себя: «А чего ты боишься, дуреха?» И все-таки я боялась. Помню, я, наверное, минуты три стояла у его двери, не решаясь нажать кнопку звонка, думая, не сбежать ли, пока не поздно, но в это время раздались шаги на верхней площадке, кто-то спускался к люку мусоропровода, и я, уже не раздумывая, нажала кнопку на двери.

Он вышел заспанный, в каком-то линялом узбекском халате и в тапочках на босу ногу.

— Ого! — изумился он, открыв мне дверь. — Потрясающе! Дюймовочка! Ну, проходи. Смелей. Не обращай внимания на бардак.

Я вошла. Его однокомнатная неубранная квартира была оклеена театральными афишами и киноафишами, на каждой из них в перечне актеров его фамилия была подчеркнута жирным фломастером, а на некоторых даже была его фотография. А кроме афиш, стены еще были разрисованы какой-то ерундой и испещрены номерами телефонов. Но не это огорчило меня. Грязь! Я не спала ночь, я готовилась к этому дню, как к празднику, я приехала к нему свежая и сияющая, как новая монетка, а он — в этом засаленном халате, квартира завалена мусором и бутылками, на столе пиво, куски сухого хлеба и ржавая консервная банка вместо пепельницы, а постель не застилается, наверное, никогда — смятые и серые от грязи простыни, свалявшаяся подушка... Боже, и вот на этой постели должно свершиться главное событие в моей жизни?

Он ушел на кухню заваривать кофе, а я стояла у окна и глотала слезы.

— В чем дело, мать? — вдруг возник он у меня за спиной. — Что такое? Ты плачешь? Что случилось?

Он хотел обнять меня, но я оттолкнула его руку.

— Ну, понимаю, понимаю, — усмехнулся он. — Ты приехала вся такая красивая, а тут бордель и грязь. Но я так живу, ну что делать? Вчера сутки был на съемках, и до этого тоже. Домой заскакиваешь только поспать, и опять или съемки, или репетиции, поесть некогда. Ну, малышка, извини, я сейчас оденусь и пойдем в бассейн купаться. Ты захватила купальник?

Тут я вспомнила, что забыла купальник (а ведь он вчера дважды сказал мне по телефону, чтоб я не забыла купальник), и я разревелась еще больше, а он обнял меня, и теперь я ревела у него на груди, в его старый и засаленный узбекский халат.

Он гладил меня по плечам и по спине, а потом стал целовать в шею, в глаза, в губы, и я, благодарная за то, что он хоть понял меня, стала отвечать на его поцелуи, и уже через несколько минут он распахнул свой халат, и горячее мужское тело, пропахшее табаком и пивом, прижалось ко мне, упираясь в живот напряженным, обтянутым плавками членом. А потом он поднял меня на руки и отнес в постель одетую и лег рядом со мной, не прекращая целовать меня. И я отдалась его поцелуям. Обида куда-то прошла, я целовалась с ним, ощущая, как царапает мою кожу его небритый подбородок, и чувствуя, как его руки развязывают поясок моего платья, ищут и расстегивают пуговички у меня на спине. И я не сопротивлялась, когда он снял с меня платье и лифчик, мне уже было все равно — пусть только это свершится быстрее. В это время на кухне зашипел сбежавший кофе.

— Вот черт! — сказал он и голый, в одних плавках, ушел на кухню выключить газ, а я лежала в постели, завернувшись в простыню. От его небритого подбородка горели щеки, и желание еще не проснулось во мне, и все-таки я ждала его.

«Пусть! Пусть будет так! В конце концов, какая разница, — говорила я себе, — на этой постели или на чистой? Пусть это будет сегодня!»

Он вернулся и лег ко мне, и развернул меня из простыни, как из кокона, и стал теперь целовать в грудь, в живот, в плечи и в шею, и я почувствовала, как возбуждаюсь, и сама потянулась целовать его.

Неожиданно он оказался на мне верхом — уже абсолютно голый. Я не заметила, когда он успел снять свои плавки, я только почувствовала вдруг, как он голым членом водит по моему животу, груди, шее. И не скрою — это было приятно. Я лежала с закрытыми глазами, солнце било сквозь распахнутое окно и оранжевым окоемом дрожало в моих ресницах, и эта оранжевая пелена застилала мне глаза, но я остро чувствовала всей кожей тела, как ласково гуляет по мне его член, кружит по груди вокруг соска, упирается в подмышку и щекочет шею. И каждое это прикосновение вызывало озноб желания, и голова кружилась, и единственное, чего я не понимала уплывающим сознанием, — это почему он до сих пор не снял с меня трусики.

Тут я почувствовала, что он гладит своим членом мои губы. И я поняла, чего он хочет. Но как сказать ему, что я хочу совсем иного, что я приехала не для этого, а для того, чтобы отдаться ему совсем, стать женщиной? Как сказать это? «Сделай меня женщиной»? «Сними с меня трусики и сделай меня женщиной» — так и сказать? Пока я размышляла и думала, мои губы уже открылись сами собой и приняли его член, и уже новая волна желания поднялась от низа моего живота и закружила мне голову, и я стала привычно сосать. Он стоял надо мной на четвереньках, упираясь головой в стенку, стонал от наслаждения, а все мое голое тело пружинило от желания, и что-то влажное уже исходило из меня к трусикам, и я думала, что, может быть, сейчас он остановится и возьмется за меня с той стороны, но... в этот момент он кончил.

Я сглотнула сперму и навернувшиеся слезы обиды, а он устало улегся рядом со мной и безучастно закурил.

Я лежала с закрытыми глазами, ощущая во рту вкус его спермы, а на лице следы от размазанной слезами краски ресниц.

Он курил молча, не прикасаясь ко мне. Зазвонил телефон. Он лениво сполз с постели, взял трубку. Лежа с закрытыми глазами, я слышала, как он говорит в трубку:

— Алло... Привет, старик!.. Замечательно!.. Да нет, сразу!.. О чем ты говоришь?! Высший класс! Во сколько? В четыре репетиция? Но сейчас уже почти три часа! Нам надо пожрать что-нибудь... Ну, хорошо, я понимаю, буду к четырем, надо — так надо! Пока...

Он вернулся ко мне и сказал:

— Слушай, детка, лажа сплошная — позвонил помреж, в четыре репетиция. Извини, я сейчас приготовлю что-нибудь поесть, и придется ехать. Яичницу будешь?

Я не отвечала. Я лежала каменная от обиды и злости. Нетрудно было догадаться, что слова «Сразу!» и «Высший класс!» — это обо мне и что скорее всего никакой репетиции нет, а он просто хочет теперь отделаться от меня.

Не дождавшись от меня ответа, он ушел на кухню, и я слышала, как он возится там, насвистывая какой-то мотив.

Я встала. Надела лифчик и смятое платье, утерла заплаканные глаза, взяла в руки свои новенькие туфли на шпильках и молча, не сказав ни слова, ушла из его квартиры. Я не стала ждать лифта, а босая сбежала по лестнице вниз и только в парадном надела туфли.

Пересекая двор, я слышала, как он кричал из окна: «Оля! Ольга!» Но я не повернулась на крик и ушла к метро.

Так закончилась моя первая попытка стать «настоящей женщиной».

Я возненавидела мужчин и целыми днями валялась в постели, читая какие-то идиотские книжки.

Описывать все попытки нет смысла, главной закономерностью в них было одно — взрослые, пожилые мужчины боятся или не умеют ломать целку у несовершеннолетних и предпочитают просто тереться членом о лобок и губы влагалища, а когда возбуждение доходит до предела и ты лежишь готовая на все и ждешь, что сейчас этот горячий упругий предмет войдет в тебя наконец, они или кончают тебе на живот, дергаясь в конвульсиях, или суют в рот, или — или просто у них опадает, и они говорят: «Извини, детка, я сегодня очень устал на работе». И ты носишься со своей девственностью как с обузой и уже ненавидишь всех мужчин и себя заодно с ними.

А молодые ребята — с ними свои беды... В ту пору моей сексуальной озабоченности в меня влюбился двадцатилетний парень — высокий стройный брюнет с голубыми глазами и нежным ртом. Он учился в университете, увлекался химией и биологией и часами рассказывал мне всякие смешные истории из жизни ученых и про всякие научные опыты и эксперименты. Постепенно он отвлек меня этими рассказами от всех других мужчин, мне было интересно гулять с ним по московским набережным, есть мороженое в кафе, ходить в кино, я стала как бы нормальной девчонкой, которая встречается с хорошим, красивым, развитым и интересным парнем. Но он не посягал на мою девственность. Мы целовались с ним — да! И еще как целовались! Поздно вечером, когда он провожал меня домой, мы каждый раз останавливались на одном и том же месте — на заброшенном железнодорожном мосту — и начинали целоваться. Это были сумасшедшие поцелуи — он, этот интеллигентный мальчик, воспламенялся так быстро, что принимался тискать меня за все доступные и малодоступные места с просто необузданной страстью. Он оголял мою грудь, забирал ее целиком в рот, сосал, обкусывал сосок острыми зубами, снова перебрасывался на мою шею, лицо, губы, вталкивал язык мне в рот или забирал мой язык в себя и сосал его, и опять переходил на грудь. Это длилось по часу — я уже истекала влагой желания, я ощущала животом и ногами его напряженный член, который терся об меня и вжимался в меня, я готова была отдаться ему прямо здесь, на мосту, но он не пытался трахнуть меня, а, целуя меня взасос, обсасывал грудь, бился об меня низом живота или вжимался им между моими ногами, доводя нас обоих до изнеможения.

Усталые, разбитые, на подкашивающихся ногах, мы приходили потом к подъезду моего дома, и здесь, в подъезде, все начиналось сначала: мы начинали прощаться на лестнице нежными поцелуями, но уже через минуту возбуждались оба и теряли головы, и садились, а затем и ложились на ступеньки лестницы в подъезде, и он опять оголял мою грудь и набрасывался на нее с новой силой и темпераментом. Вставшим под брюками членом он вжимал меня в ступеньки лестницы с такой силой, что у меня потом всю ночь болела спина, он елозил по мне, покрывал поцелуями грудь, шею, плечи и снова грудь, и я опять истекала влагой так, что трусы становились мокрыми, а он кончал наконец в свои трусы и брюки, и только после этого мы наконец расставались.

Я уходила домой на полусогнутых от усталости ногах, с мокрыми трусами и спиной, исполосованной ступеньками лестницы. На следующий вечер все начиналось сначала, и через неделю я уже готова была отдаться ему где угодно — на мосту, на лестничной площадке, лишь бы освободиться от накопившейся за все это время истомы. Помню, днем я ходила как полувареная рыба, как сомнамбула, и только к вечеру как-то отряхивалась, принимала душ и шла к нему на свидание, и мы оба с трудом дожидались темноты, чтобы начать целоваться и тискать друг друга на мосту. И вдруг —

какая удача! — бабушка на весь день уехала за город за грибами! Через час после ее отъезда мой возлюбленный уже был у меня, и мы, даже не выпив чая, упали целоваться на диван. Я знала, что сейчас произойдет наконец-то все то, что и должно произойти, я уже даже перезрела для этого и потому разрешила ему все и ждала, что он сейчас снимет с меня не только платье, но и трусики.

И он тоже понимал это и решительно и властно снял с меня платье и лифчик, но до трусиков дело еще не дошло — он бросился целовать мою грудь.

Стояло утро, комната была залита солнцем, и он первый раз целовал меня при свете. Мы лежали на диване, тиская друг друга, он распалялся все больше и больше, он уже сбросил с себя брюки, и теперь мы голые, в одних трусиках, вжимались друг в друга, и эти прикосновения голого тела распалили его еще больше, и я уже сама двумя указательными пальцами потянула с него трусы, и он тут же понял меня и резко сбросил сначала мои трусы, а потом свои и уперся мне в живот своим возбужденным членом, рыча от игры, целуя и обсасывая мою грудь.

Наступал главный, ответственный момент, я уже раздвинула ноги, и он лежал между ними, но все не мог оторваться от моей груди, кусая то левую, то правую, и вдруг, когда он подобрался как-то дугой и его член коснулся моих уже влажных от истомы губ влагалища, вдруг пронзительная боль дернула меня и будто выключила на миг сознание. Но боль не внизу живота, не от потери девственности. Боль в груди.

Я схватилась рукой за левую грудь — кровь хлестала из нее, и откушенный сосок висел на кожице. В припадке страсти он откусил мне сосок левой груди. Мы оба вскочили в растерянности, не зная, что делать.

— Йод! — закричал он. — Давай йодом намажем!

— Дурак, это же больно, — плакала я, держа рукой оторванный сосок и прижимая его к груди. Кровь заливала мне руку. — Надень на меня халат!

Он набросил на меня халат, и я побежала к соседке, она работала медсестрой в больнице. Но тети Клавы не было дома, там была только ее дочь, 17-летняя Сонька, вялая, рыхлая и рыжая девчонка с веснушками на лице.

— Соня! — закричала я ей. — А где твоя мать?

— На работе, а что?

Я распахнула халат и увидела ужас у Сони на лице.

— У тебя сосок оторвался, — сказала она.

— «Оторвался»! Идиотка! Его откусили!

— Кто?

— Ну кто, кто! Володя! Что делать? Лучше скажи, что делать?

— Володя? — изумилась Соня, она знала моего ухажера и видела меня с ним. — А как он туда попал?

— Куда попал? — переспросила я.

— Ну вот сюда. — Она показала на мою грудь. — Как он туда попал?!

Эта идиотка в свои семнадцать лет еще, наверно, не целовалась ни разу!

— Что делать? Что делать? Соня! У меня кровь течет.

— Нужно в больницу. Побежали.

— А что я там скажу? Не могу же я сказать, что Вовка мне грудь откусил!

— Скажем, что моя собака тебе откусила! — сообразила Соня.

И мы побежали в соседнюю больницу, Соня плела там про свою собаку, с которой я якобы играла и которая якобы цапнула меня за грудь. Хирург сделал мне укол местного наркоза и пришил сосок на место, и потом мне перевязали всю грудь через левое плечо и шею, и мы пошли с Соней домой, но и по дороге она все спрашивала, недоумевая:

— А как он туда попал? Что ему там было надо?

— Отстань, Сонька, — отмахивалась я. — Ты все равно не поймешь!

— Но что ему там было нужно?

— Отстань, у меня голова кружится...

Проблема стать женщиной осталась нерешенной.

Глава 5

ПРЕКРАСНЫЙ ХОЛОСТЯК

Игорь Петрович Полесов был моим первым мужчиной, а я — его последней женщиной.

Но, рассказывая об Игоре Петровиче, нужно начинать не с меня. Я была его ошибкой, а вот до меня... Игорь Петрович жил замечательно. Высокий, стройный, 47 лет, с короткими седыми волосами и тонкими чертами лица, голубые глаза и серый, под седину, костюм, должность руководителя группы в архитектурно-конструкторском институте, однокомнатная квартира и собственный автомобиль «Москвич», свободный доступ в Дом архитектора, ЦДРИ и ресторан Дома художников — все это делало Игоря Петровича завидным московским женихом для 30—40-летних светских дам.

Но Игорь Петрович избегал супружества. То есть он довольно легко и охотно шел на первые фазы сближения, однако голодным в любви и похотливым светским дамам из ЦДРИ и Дома архитектора предпочитал простых и упитанных парикмахерш, бухгалтерш и одиноких домовитых медсестер. Здесь — он хорошо знал и проверил это на опыте — его ждал хороший домашний уход, чистая постель, молчаливое обожание, жаркая любовь по ночам и горячий завтрак в постели рано утром. И при этом никаких обязательств и никакой подконтрольности. Позавтракав и побрившись, Игорь Петрович заводил свой «Москвич» и уезжал на работу, а по вечерам играл в покер и бридж с приятелями, такими же, как он, полусветскими холостяками, наведывался в Дом архитектора побаловаться бильярдом и вкусным ужином в ресторане, а оттуда, как бы в порядке снисхождения, заезжал ночевать к своей очередной Маше, Наташе или Зине.

Жизнь была прекрасна и только порой омрачалась некоторыми осложнениями, когда Маша (или Наташа) после двух-трех месяцев связи начинала интересоваться: «А где ты был вчера?», вздыхать по ночам, плакать, требуя утешения и каких-то определенных обещаний на вопрос: «Сколько это будет так продолжаться, ты меня мучаешь, я жду тебя каждый вечер?!» и т. д. Тут Игорь Петрович понимал, что нажим теперь будет усиливаться с каждым днем и лучше кончать с этим раньше, а то дальше будет еще хуже. И потому без скандалов, без всяких объяснений Игорь Петрович, вздохнув про себя, рано утром поднимался из Машиной постели, забирал в ванной свою зубную щетку и безопасную бритву и неслышно исчезал с Машиного горизонта.

«Москвич» увозил его к новым приключениям и привычной легкой жизни столичного ловеласа, а робкие или настойчивые телефонные звонки этих Маш редко заставали его дома — очередная Зоя или Маша уже готова была принять его в свою одинокую женскую постель с горячим завтраком по утрам и жарким обожанием ночью. Зубная щетка и бритва помещались у нового зеркала в очередной ванной комнате как знак постоянства.

При всей этой куролесной жизни была у Игоря Петровича одна привязанность — дочка Аленка. Аленка училась в десятом классе французской школы, жила с матерью, переводчицей из Совинторга, и по воскресеньям встречалась с отцом. С ее матерью Игорь Петрович разошелся лет двенадцать назад и, хотя исправно платил алименты, несколько лет вообще не видел дочери, но затем Аленка выросла в высокую, красивую, стильную девчонку, и Игорю Петровичу стало приятно появляться с ней в Доме архитектора и ЦДРИ — мало кто знал, что это его дочь, большинство мужиков завистливо считали, что это его новая юная любовница. Игорю Петровичу льстило, когда он ловил на себе и Аленке восхищенные взгляды потасканных светских львов — архитекторов и художников. Они с Аленкой посмеивались над этим, обедая в ресторане ВТО или ЦДРИ, Аленка доверительно рассказывала отцу всякие школьные истории, и они вместе строили планы на следующее воскресенье — поездку в Архангельское на машине, лыжную прогулку в парке или путешествие по Москве-реке в Ярославль на речном пароходе. Аленка была с ним наивна, доверчива, но он видел, что ей тоже нравится проводить время со стройным, светским, красивым отцом, ездить в машине, обедать в ЦДРИ и путешествовать.

Однажды, во время разрыва с очередной Машей-парикмахершей, Игорь Петрович на несколько дней (а точнее — ночей) оказался совершенно свободен, и в один из таких вечеров его приятельграфик повез его играть в покер в компанию своих друзей.

При этом он рассказал о совершенно замечательном изобретении этих ребят: они играли в покер, одетые только до пояса, а в это время сидящие под столом возле каждого стула бабы минетили, и называлась эта игра — покер с минетом. Девочки стоили 25 рублей на всю ночь, по заказу могли показать и лесбийскую любовь, и вообще, говорил приятель, у них там весело.

Приехали. Покеристы оказались молодыми тридцатилетними художниками, никаких баб в их мастерской не было, и в покер сели играть просто под коньяк с лимончиком. Но через пару часов разговор сам собой перешел на женщин, один из покеристов лениво спросил у Игоря Петровича, как он насчет минета, не возражает ли. Игорь Петрович не возражал, наоборот — приветствовал.

Девочек вызвали по телефону — один из хозяев мастерской позвонил какой-то Свете и сказал, чтобы она собрала «всю дежурную команду, как обычно», и были тут к «двадцати трем нуль-нуль».

После этого сели играть дальше как ни в чем не бывало, а через полчаса прибыла «дежурная команда» молоденьких минетчиц. В их числе была дочка Игоря Петровича.

Еще когда из прихожей донесся до Игоря Петровича ее знакомый веселый голосок, у него защемило сердце, а когда он увидел ее в двери, он встал и пошел к ней, белый как полотно. Он уже занес руку, чтобы дать ей по морде, но в этот момент резкая боль в сердце оглушила сознание и он упал на руки беспутной дочери. Вызвали «скорую помощь», Игоря Петровича отвезли в больницу, кардиограмма показала — микроинфаркт.

С тех пор Игорь Петрович не виделся с дочкой и знать о ней не хотел. Врачи запретили пить, курить и — как минимум месяц — заниматься сексом.

Игорь Петрович, как все холостяки, старательно следил за своим здоровьем и потому неукоснительно выполнял предписание. Но жизнь его от этого стала скучной, и вообще он как-то поник, ссутулился и даже боялся ездить на своей машине, предпочитая метро.

А время шло, наступила весна, а потом и лето. Игорь Петрович понемногу оправился и даже рискнул заглянуть к одной из своих парикмахерш. И тут он обнаружил две странные вещи — во-первых, сердце во время полового акта работало прекрасно, а во-вторых, сам этот акт с тридцатилетней пылкой парикмахершей был ему совершенно неинтересен.

Игоря Петровича потянуло на молоденьких девочек. Какое-то мстительное чувство к дочери вдруг обратило его внимание на совсем юных девочек, таких наивных с виду и таких распутных на самом деле, — какую бы девчонку он ни закадрил в метро, пригласил в Дом архитектора на просмотр иностранного фильма, в ресторан или просто покататься на машине, они легко соглашались потом заехать к нему домой на «чашку чая» и — оказывались не девочками.

Собственно, именно так он налетел и на меня. С зажившей грудью и почти утихнувшей ненавистью ко всем мужчинам я как-то утром вышла из дома и увидела, как из соседнего подъезда вышел стройный мужчина с короткой седой стрижкой, сел в свой «Москвич» и завел машину. Я встречала его раньше и видела его то в соседней прачечной, то в очереди за яблоками в овощном киоске на углу. Но раньше, когда я еще не интересовалась мужчинами, я и на него не обращала внимания — мало ли кто живет со мной по соседству!

А теперь мой глаз сразу все увидел — и стройного мужчину в модном, явно импортном костюме, и его чистенькую, сияющую машину. Но я, конечно, тут же отвела глаза и независимой походкой двинулась к станции метро. В тот же момент рядом со мной остановился его голубой «Москвич».

— Привет, соседка, — сказал мне в окошко машины Игорь Петрович. — Садись, подвезу...

И правой рукой уже открыл дверцу машины. С секунду я глядела в его глаза, но в них не было ничего, кроме честного желания услужить соседке. Как известно, самые честные глаза — у жуликов и соблазнителей, но тогда я еще не знала об этом и, почти не колеблясь, села на переднее сиденье.

— Далеко? — спросил он, трогая машину.

Я пожала плечами — мне было все равно.

— Я еду в бассейн, поплавать. Хочешь?

— Спасибо, нет. Я выйду возле метро.

— Как хочешь, — сказал он, и я пожалела, что отказалась, и спросила:

— А где вы плаваете?

— Да тут минутах в десяти езды — возле циркового училища есть закрытый бассейн, по абонементам. Ты плавать умеешь?

Я усмехнулась — еще бы! И мне действительно до смерти захотелось поплавать: жара стояла ужасная — конец августа.

— Умею. Но я без купальника, — сказала я.

— Ну, это мы купим, подумаешь! Я вчера премию получил. Ну? Как? — Он притормаживал возле метро.

Мне, конечно, ужасно не хотелось выходить из машины и до смерти хотелось поплавать.

— Не знаю... — сказала я нерешительно.

— Поехали! — сказал он и дал газ.

И весь этот день я провела с ним — сначала в бассейне, потом в ресторане ВДНХ, потом в мастерской какого-то его приятеля-скульптора, который тут же предложил мне позировать ему, потом — Дом архитектора, где я была впервые в жизни, мы посмотрели там какой-то польский фильм. Я видела, что Игорь Петрович охмуряет меня, но мне это было приятно, к тому же он за весь день ни разу даже не прикоснулся ко мне рукой, а вечером высадил меня в двух кварталах от нашего дома и сказал:

— Лучше выйди здесь. А то соседи скажут, что я детей соблазняю. Позвони мне в следующую субботу — может, за город съездим, на Клязьму, у моего приятеля катер на Клязьме...

— Не знаю, — сказала я. — На той неделе в школе занятия начинаются...

Но еще до 1 сентября, то есть до начала занятий в школе, я была уже в его квартире.

Конечно, мы пришли к нему не вместе, а, чтобы не видели соседи, я поднялась к нему одна и вошла в уже приоткрытую дверь. В квартире было чисто и красиво, целая стена книг и чертежная доска у окна, а на столе — ужин на двоих, грузинское вино и цветы. Мы пили вино и болтали о пустяках, а потом он включил музыку и пригласил меня танцевать, и только теперь он наконец обнял меня и поцеловал. Прав Андрей, когда говорит, что в сексе нет возраста, — мне было приятно целоваться с ним, хотя он был на тридцать с чем-то лет старше меня. Мы танцевали губы в губы. В комнате полумрак, только торшер горел в углу, я почувствовала, как Игорь Петрович осторожно взял двумя руками подол моего платья и потянул его вверх — медленно-медленно, ожидая, наверное, что я буду сопротивляться.

Но я не сопротивлялась. Я знала, что отдамся ему в этот вечер или в следующий, я уже привыкла

к этой мысли, когда ждала очередного с ним свидания, и единственное, что я решила твердо за это
время, — не делать ему минет, не терять над собой
контроль.

И вот он медленно, как бы вопросительно тянет подол моего платья вверх, а я молчу, не сопро-
тивляюсь, и он поднимает его все выше — до
живота, до груди, и наконец мне приходится поднять руки, чтобы он снял с меня платье. И теперь
я танцую с ним в лифчике и трусиках, с закрытыми глазами, мы снова целуемся, волна желания
прижимает мое тело к нему, я чувствую за его брюками вставший член и слышу, как Игорь Петрович расстегивает пуговички моего лифчика, а затем
так же осторожно, двумя пальцами, снимает с меня
трусики. И все это время мы не говорим ни слова,
мы продолжаем танцевать, целуясь — он в своем
сером костюме, весь одет, а я — абсолютно голая,
и мне зябко, я прижимаюсь к нему все больше, а
он поднимает меня на руки и несет в постель, а
потом выключает торшер.

Спустя минуту он голый лежит возле меня, обнимает, целует в губы, но не спешит и не кусается,
как Володя, а нежно целует, мягко, и где-то в моих
коленях — его теплый напряженный член. Я жду.

Я лежу с закрытыми глазами и жду, чувствуя, как от его поцелуев напрягаются соски на груди, истома вытягивает ноги и влага подступает изнутри к моим срамным губам. Я жду, и наконец — наконец! — он ложится на меня всем телом, его ноги раздвигают мои ноги и его член тычется мне в лобок и ищет входа.

— Помоги мне, — говорит он негромко, но я лежу не шевелясь, сжав мускулы влагалища, потому что знаю, что сейчас будет очень больно, — сколько я слышала об этом и читала!

Наконец его член упирается в губы моего влагалища как раз напротив входа, я чувствую, как он жмет и как мускулы моего влагалища противятся этому вторжению.

— Ты что? Девочка? — говорит он удивленно. Но я молчу.

— Вот так фокус! — говорит он удивленно, встает с постели и приносит нам два бокала вина. — Слушай, давай выпьем! — говорит он. — Это надо отметить. Ты знаешь, у меня есть дочь твоих лет, тоже в десятом классе. Но она уже не девочка... Я тебе как-нибудь потом расскажу, у меня из-за нее был инфаркт. Ну ладно, наплевать, давай выпьем. Ты мне нравишься, знаешь...

Я боялась, что сейчас он попросит меня сделать ему минет или вообще отправит домой, но он выпил со мной, поцеловал меня в губы и ушел в ванную, а спустя минуту вернулся с кремом «Нивея» в руках и сказал:

— Хорошо. Раз ты этого хочешь, мы сейчас все сделаем по науке. Ну-ка, возьми крем и смажь мне вот здесь, головку. Смелей, так тебе не будет больно, вот увидишь.

Я удивилась, но послушалась, смазала кремом головку его члена, а он, как доктор, который заговаривает пациенту зубы во время операции, говорил с легкой улыбкой в голосе:

— Понимаешь, ничего не получится, пока ты боишься. Но теперь тебе не будет больно, поверь. Ну-ка ложись. Ложись, расслабься, раздвинь ножки. Вот так. И еще расслабься, больше...

Я чувствовала, как головка его члена мягко вошла в меня, раздвинув мускулы, и тут же больно нажала на что-то — так больно, что я застонала, уходя ягодицами из-под его члена, да он и сам уже вытащил его, но, налегая на меня всем телом, говорил:

— Ничего, ничего. Больно только секунду, и все. Теперь уже не будет больно, смотри. Вот смотри: я вот так осторожно вхожу, тебе приятно, правда? Вот видишь, не больно, только ты чуть-чуть расслабься...

И вдруг острая, резкая боль пронзила мне живот — это он с силой пробил во мне что-то. Я дернулась, вскрикнула, слезы брызнули из глаз от боли, но он прижал меня всем телом к постели, и я чувствовала, что в меня, глубоко-глубоко, вошло что-то чужое, толстое, и разламывает мне ноги и внутренности.

— Все, — сказал он. — Вот и все. Ну, чуть-чуть было больно, зато теперь всю жизнь будет приятно. Вот так, смотри... — И я почувствовала, как этот чужой предмет шевелится во мне, медленно движется из меня, а потом так же медленно вдвигается обратно — теплый и живой, и это действительно стало даже приятно — обнимать своей плотью другую плоть и чувствовать в своем теле чужое тело. Но тут Игорь Петрович вдруг резко вытащил свой член из меня и кончил мне на живот, скрипя зубами и дергаясь от конвульсий извержения семени.

А я не ощущала еще ничего, кроме тупой боли в глубине влагалища.

— Пойди в ванную, — сказал мне Игорь Петрович.

Я взглянула на себя — весь живот был в моей крови, смешанной с белой спермой Игоря Петровича, и мокрая от крови простыня прилипла к моим ягодицам. Я испуганно вскочила, метнулась в ванную, обмыв себя под душем, стала проверять пальцами, не идет ли оттуда кровь, но кровотечение уже остановилось само собой, и только легкая саднящая боль еще сидела во мне и еще — ощущение новизны в мускулах влагалища, как будто там что-то сдвинулось.

Набросив халат Игоря Петровича, я вернулась в комнату. Постель была уже застелена свежей, чистой простыней, рядом, на тумбочке, стояло два бокала вина, и Игорь Петрович, уже одетый в брюки и рубашку, посмотрел на меня вопросительно и сказал:

— Поздравляю тебя. Сегодня у тебя большой день в жизни. После меня у тебя еще будет много мужчин, может быть — очень много. Но к старости ты забудешь половину из них, а потом, может быть, и всех забудешь. Но ты никогда не забудешь меня и этот вечер. И я хочу тебе сказать, как говорят на партийных собраниях: «Спасибо за доверие!» Он привлек меня к себе, посадил на колени, поцеловал, и мы выпили, и я ощутила, как член у него снова пошел в гору. Я посмотрела ему в глаза, он усмехнулся:

— Ты очень вкусная. Вот он и возбуждается. Сними с меня брюки. Ничего, ничего, учись...

Я сняла с него брюки и трусы. Коричневый толстый и длинный член торчал, как пушка, и руки мои невольно потянулись к нему, но я удержала себя.

— Поиграй им, — сказал мне Игорь Петрович.

Я отрицательно покачала головой.

— Ну, хорошо, иди ко мне сюда, на колени. Слушайся меня...

Он сдвинулся на край стула и усадил меня к себе на колени верхом, так, что его вздернутый член приходился как раз напротив моего входа, и головка его члена коснулась моего влагалища.

— Вот так, — сказал он. — А теперь сама, медленно надвигайся на меня сама.

Я попробовала. Его руки держали меня под ягодицы и помогали мне, вжимали меня в него.

Но член не входил, мне было больно, я уже ничего не хотела, и тогда он отпустил меня и сказал: «Ничего, ничего, не страшно!» — и налил в бокал коньяк, и дал мне: «Выпей. Выпей для храбрости! У тебя от страха мускулы сведены, но ты же видела, он туда свободно входит, просто нужно расслабиться».

Он заставил меня выпить коньяк — почти полный фужер, и я захмелела, а он снова уложил меня в постель, лег на меня и стал медленно водить членом по моей расщелине, гладить ее этим членом, а потом вдруг отрывался от этого места и переводил член ко мне на грудь и гладил им соски, грудные яблоки, живот и снова губы влагалища. Эти касания расслабили меня, коньяк и желание снова закружили голову, и когда он вдруг нажал своим членом там, внизу, я поддалась ему навстречу и ощутила, как он вошел в меня, и — это было приятно! Он вошел в меня, моя трубочка обнимала его коричневый теплый член, волна нежности к нему пронзила мое тело, и я обняла своего первого любовника и прижала его к себе, а он вдруг застонал, замычал от кайфа, и рывком вытащил свой член из меня, и опять кончил мне на живот, дергаясь в конвульсиях.

И так повторялось несколько раз за эту ночь — стоило ему войти в меня, стоило мне ощутить начало кайфа, как он уже кончал, и злился при этом, бесился и объяснял:

— Золото, ты слишком вкусная! У тебя там все такое маленькое, золотое, горячее — я умираю, я не могу удержаться. А ты еще ничего не чувствуешь, ну прямо беда! Ладно, давай попробуем с презервативом, в нем я меньше чувствую. Только ты поцелуй мне сначала здесь, а то он не встанет...

Но мне не пришлось целовать. Стоило мне взяться за его опавший член рукой и чуть поиграть им пальцами, как член стал расти, коричневый и большой, и Игорь Петрович засмеялся:

— Ну, ты даешь! Молодец! У тебя просто талант. Ну-ка, иди ко мне на колени снова.

Он опять посадил меня верхом к себе на колени, я с любопытством смотрела, как он надел на член презерватив — не наш, советский, а какой-то индийский, со смазкой, влажный, — и вдруг уже совершенно без боли я насела на него — да как! — все глубже и глубже! Я вдруг ощутила, что он уходит в меня весь, что моя трубочка заглатывает его все дальше, дальше, дальше... О-о, девочки! Это было что-то абсолютно невообразимое! У меня закатились глаза, остановилось дыхание, но моя трубочка заглатывала его все глубже, он уже был, наверное, у меня в животе, я не знаю, я не отдавала себе отчета, я теряла рассудок от страха и блаженства, моя трубочка оказалась такой емкой, и каждой ее клеточкой я чувствовала этот замечательный, упруго-приятный предмет, пока наконец не заглотила его целиком. И тут Игорь Петрович стал снимать меня с этого предмета — медленно отводил меня руками от себя, выпрастывая свой член, и это скольжение-трение, это движение члена в обойме моей трубочки было еще чудеснее. Словно медленно вынимают из тебя твою истому, как будто шомполом вытягивается из тебя что-то... Моя трубочка обнимала его, обжимала, не желая выпускать, а он все уходил, уходил, выходил из меня совсем — нет! я не могла его выпустить! — я рванулась и села на него снова, вогнав его в себя до конца, и, обхватив Игоря Петровича руками за спину, судорожно сжала, не давая ему двинуться, держа его в себе целиком и тая, истекая дурманящей голову истомой.

Держать в себе его член и обжимать его мускулами своей трубочки, обжимать и расслаблять и снова обжимать было сказкой, блаженством, новой жизнью, но тут он вдруг опять иссяк — я почувствовала, как он задергался телом, а внутри меня сильное упругое вещество надавило на стенки трубочки, раздвигая ее.

Игорь Петрович кончил и вышел из меня, хотя я не хотела, не хотела его выпускать! Я держала его руками в обхват, не разжимая, но он все равно вышел и ушел в ванную снимать этот набрякший спермой презерватив, а я осталась в постели, бешеная от желания. Какая-то сила судорогой крутила мое тело, вздымала мне позвоночник, двигала моими ногами, и даже зубы мои скрипели от желания — мне хотелось броситься за ним в ванную и немедленно вставить его к себе обратно, потому что моя трубочка, моя матка, мой живот уже познали что-то сверхневероятное и требовали это еще, еще, еще! Мое тело дергалось, как будто он еще был во мне, но его не было, не было, а он был мне нужен, и потому, едва он вернулся из ванной и устало прилег рядом со мной, я вдруг набросилась на него, стала кусать ему грудь, шею, руки, я будто взбесилась. Игорь Петрович пробовал шутить, останавливать меня, но я уже не помнила себя и не управляла собой, я нырнула головой вниз, к его опавшему члену, и стала теребить его, дергать, вытягивать руками, требуя, чтобы он встал.

Игорь Петрович вскричал от боли и вдруг с силой ударил меня по лицу.

Я очнулась. На миг я увидела себя и его в этой темной комнате, в этой разметанной постели, но тут же новая волна бешенства ударила мне снизу в голову, я стала бить его кулаками по груди, а он прижал меня к себе, прижал, и тут... я разрыдалась. Я хотела его, а он уже не мог, но я ничего не могла поделать с бьющимся внутри неудовлетворенным желанием. И я ревела у него на груди и дергалась в конвульсиях, и тогда он сказал:

— Хорошо, сейчас я все тебе сделаю. Ложись. Ну ложись же. Раздвинь ноги.

Он уложил меня плашмя и раздвинул мои ноги, заломив их коленями вверх, и вдруг поцеловал мне нижние губы. Я замерла от нового удовольствия. А он стал нежно целовать мои срамные губы и вылизывать их языком и даже проталкивать этот язык в мою трубочку, а потом высасывать, высасывать мою щель. О, это было что-то! Блаженство похоти разлилось по телу, я поддавала ягодицами навстречу его поцелуям, но мне еще чего-то не хватало, не хватало чего-то внутри моей трубочки, но он и это компенсировал — указательным пальцем вошел в эту трубочку, не прекращая сосать и целовать мои срамные губы. Теперь это было полное совершенство — обжимать трубочкой его палец и держать срамные губы у него во рту, он сосал их, оттягивал, вылизывал языком, я почувствовала, как блаженство выламывает мне хребет, ноги, живот, я захрипела от муки истомы и... Господи! Вот для чего я родилась, оказывается, вот где пронзительно истинный миг жизни — я кончила! Я выплеснула что-то внутри себя, но даже это блаженство освобождения продолжало выламывать мне суставы.

Обессиленная, пустая и хмельная, как новорожденный младенец, я лежала в постели и пела — каждая моя клеточка пела усталую счастливую колыбельную песню...

Через неделю я освоила все приемы секса, мы трахались и лежа, и стоя, и сидя в постели, и на полу, то я верхом на нем, то он на мне — по семь-восемь раз за вечер, но мне все было мало, я требовала еще и еще, и сосала его опавший член до тех пор, пока он хоть чуть-чуть не вставал, и всовывала его в себя, и он уже довозбуждался внутри меня, потому что моя золотая волшебная трубочка тут же приводила Игоря Петровича в состояние новой готовности. А когда и это иссякало — мы занимались тем, что называется «69», и при этом Игорь Петрович старался вовсю, вызывая во мне бешеные приступы желания, целуя и оттягивая губами мои срамные губы, и тут я уже кончала подряд по три-четыре раза, пока, совершенно обессиленная, счастливая, с трудом держась на ватных от усталости ногах, не уходила к себе домой...

А назавтра, отбыв в школе свои шесть уроков, я уже с трех часов дня дежурила у нашего дома, высматривая голубой «Москвич» Игоря Петровича. Да, я была как помешанная, я ничего не соображала в те дни, ничего не слышала на уроках, вся моя жизнь была в моей матке, в моей трубочке, которая требовала, требовала держать что-то, обжимать, тереться, чувствовать! И если бы Игорь Петрович пропустил хоть один день, если бы я не дождалась его к вечеру хоть один раз, я бы не выдержала и отдалась первому встречному в любом подъезде, на любой садовой скамейке — ничто не остановило бы меня, потому что ничто мной тогда не управляло, кроме бешеной, ненасытной похоти.

Но Игорь Петрович и сам рвался ко мне, спешил ко мне каждый вечер. Все его предыдущие бабы, все эти Зины и Маши, говорил он мне в перерывах секса, это были просто лоханки с выменем вместо груди, сопливые вонючие лоханки. «Целочка, — называл он меня. — Ты моя Целочка! Иди ко мне! Ты не знаешь, как вкусно входить в тебя, я за двадцать лет не видел ничего подобного! Трахни меня, трахни меня сама! Высоси из меня все твоей золотой трубочкой! Еще! Еще! Боже мой, как хорошо! Боже мой!..»

И я сосала — и трубочкой, и губами, и вылизывала языком, — да, я очень полюбила этот коричневый, большой и могучий член Игоря Петровича, я любила его, как своего ребенка, мне нравилось нянчить его, ласкать, возбуждать и играть с ним — и возбужденным, и опавшим. Он был мой, любимый, ласковый, сильный, он по пять—восемь раз за день становился частью моего тела, причем какой — самой сладостной частью! Я выучила его, как свою грудь, да что там — лучше! Я знала наизусть все прожилки на нем, когда он вздымался, и гладкую головку, и темно-розовую прогалину, и морщинистый, поросший жесткими черными волосами мешочек его яичек, и каждое его яичко в отдельности я ощупала через мешочек и вылизывала по сто раз; и я знала наизусть, на ощупь, какой он в опавшем виде — мягонький, податливый, с движимой кожицей, которую можно натягивать на головку, а то и совсем спрятать ее...

Что говорить?! Каждая женщина помнит всю жизнь тот первый мужской член, который стал частью ее тела и дал ей первое блаженство настоящего секса. И если бы я была поэтессой, я сложила бы гимн мужскому члену — этому самому восхитительному творению природы. Боже мой, сколько потом я перевидала их — вишнево-красных, фиолетовых, розовых, коричневых, больших и маленьких, стойких и вялых, таких, которые вламываются в тебя с оглушительной силой боксерского кулака и, кажется, готовы пронзить насквозь, прорвать матку и добраться под горло, и ты обжимаешь их своей трубочкой, имеющей удивительное свойство расширяться под любой размер, и, повторяю, сколько я повидала вялых, неохотных, ленивых, которых приходится чуть ли не силой заправлять в себя и втягивать, втягивать своей трубочкой, возбуждая их уже там, внутри себя (да, это беда нашей России — вялые мужские члены, ослабленные потомственным и массовым алкоголизмом), — сколько я повидала их, но, пожалуй, самым памятным все равно останется этот коричневый, родной до прожилок, стойкий, большой и теплый член Игоря Петровича!..

... Это случилось в воскресенье, средь бела дня. Мы еще только-только приступили к делу, опустили жалюзи, постелили на пол простыни, разделись догола и легли, и Игорь Петрович стал ласкать меня, как обычно, и, когда наше возбуждение достигло апогея, он лег на меня, а я подняла ноги вертикально, обняла ими его за спину, и мой родной, любимый коричневый красавец вошел в меня и стал действительно моим, тем единственным членом, которого нам, бабам, так не хватает. Мне помнится, он сделал семь-восемь движений, и я уже потекла первым оргазмом, как вдруг... вдруг Игорь Петрович рухнул на меня всем телом, больно ударил меня головой по лицу и сразу стал тяжелым и неживым. Я еще не поняла, что произошло, я даже не слышала, как он охнул или застонал, и, может быть, этого и не было — он просто свалился на меня тяжелым кулем. Ничего не понимая, я недовольно дернулась под ним, удивляясь, почему он так неожиданно кончил, и вдруг увидела его закатившиеся глаза и высунутый изо рта язык.

Я с трудом отвалила его от себя, при этом что-то захрипело у него в горле, словно воздух вышел, и тут до меня дошло — он умер! Еще не веря в это, я приложила ухо к его груди, как видела столько раз в кино, но ничего не стучало там, ни звука. Я посмотрела на член — мой дорогой, мой любимый коричневый член бессильно висел, чуть свернутый набок.

У меня хватило ума убрать с пола простыню, быстро одеться, выскользнуть из его квартиры, незамеченной выбраться из подъезда и с улицы позвонить в «скорую помощь». Не называя себя и стараясь изменить свой голос под старушку, я сказала, что у соседа плохо с сердцем и он просил меня вызвать «скорую».

Через два дня были похороны, но я на них, конечно, не пошла.

А потом в квартиру Игоря Петровича въехала его бывшая жена с дочкой Аленкой. Алена перевелась в нашу школу — красивая девчонка моего роста и с похожей на мою фигурой. Она перевелась в нашу школу, и мы с ней учились в параллельных классах, и она все не могла понять, почему я не хочу с ней дружить и ходить вместе в школу. Однажды она даже пригласила меня в свою компанию — как она сказала, «к одним знакомым художникам на сабантуй». Но я отказалась.

Глава 6

КОГДА МУЖЧИНЫ ДЕРУТСЯ

Вообще-то можно было бы написать целую главу о том, как мы, бабы, деремся из-за мужчин. Последнее время это стало особенно модно, и в наших судах полно таких дел. То девчонки в кровь избили друг друга из-за школьного красавчика, то взрослые женщины подрались из-за любовника. Но писать о женских драках мне как-то не хочется — может быть, из женской солидарности. А вот о том, как приятно, когда мужики из-за нас, женщин...

Конечно, как юрист и служитель закона я категорически осуждаю всякие драки. Но с другой стороны — из-за чего им тогда вообще драться, мужчинам? Драться за женщину было принято испокон веков, еще пещерные люди дрались из-за баб дубинками. Я уж не говорю о том, что это вообще закон природы — лоси дерутся за лосих, тетерева — за тетерок, даже голуби дерутся за голубок. А мужикам и подавно Бог велел из-за нас драться, не так ли?

Конечно, были времена, когда это умели обставлять красиво: рыцари дрались из-за дам на рыцарских поединках, мушкетеры — на шпагах, дворяне стрелялись из-за женщин на пистолетах. Я уверена, что женщинам было приятно приезжать на такие дуэли в закрытых каретах или стоять над сражающимися на трибуне, видеть, как из-за тебя кто-то рискует жизнью и даже умирает, затем бросить победителю тонко пахнущий платок или красную розу, а после, в ночных альковах, отдаться тому, кто завоевал тебя с оружием в руках...

К сожалению, в наше время все не так красиво и романтично. В России вообще предпочитают кулачный бой, смешанный с многоэтажным матом. И хотя это уже не так романтично, женское наслаждение тем, что именно из-за тебя льется кровь, — это праматеринское природное наслаждение осталось.

Впервые из-за меня подрались мужчины на туристической базе «Валаам» в Карелии. Может быть, поэтому я так люблю песню Пахмутовой «Долго будет Карелия сниться...». Но не в песне дело...

Я и не подозревала, что десятки тысяч женщин путешествуют по туристическим базам страны в поисках романтических любовных приключений и в надежде встретить СВОЕГО мужчину. Я приключений не искала, наоборот — я уехала от них из Москвы. Мне было 18 лет, и, как вы понимаете, у восемнадцатилетней девчонки с моим сексуальным опытом таких приключений в Москве было хоть отбавляй. Но я решила передохнуть — я только-только сдала вступительные экзамены на юрфак, мама достала мне «горящую» путевку в Карелию, на турбазу, и вот я в Карелии, на туристической базе острова Валаам, в бывшем мужском монастыре. Этот остров знаменит еще тем, что несколько сотен мальчишек приехали сюда перед войной в созданную здесь Школу юнг и в июне сорок первого года оказали немцам героическое сопротивление, и погибли все до одного, сражаясь за этот остров и за Родину.

Конечно, нас повели по «местам боевой славы», показали заросшие уже окопы и блиндажи, но я на эту тему распространяться не буду, потому что не об этих мальчишках речь. Контингент тури-

стов тут был довольно пожилой — тридцати- и сорокалетние женщины, а молодых девчонок было
только двое — я да двадцатитрехлетняя армяночка
Галя, маленькая, черненькая, вся как комок черного электричества. И вот нас с ней двоих и стали
обхаживать инструкторы турбазы: приглашали на
свой инструкторский костер, на лесные прогулки,
на катания на лодках по озеру. Заодно рассказывали нам «по секрету», что в 41-м году мальчишек
здесь просто бросили безоружных, забыли о них,
и, отрезанные от мира, ребята дрались с немцами
чуть ли не ножами и действительно погибли все до
одного, а когда немцы взяли-таки остров и увидели, что против них воевали одни 14-летние ребята,
то немецкое командование устроило этим ребятам
почетные военные похороны.

Но дальше вот таких «экскурсий» мы с Галкой не
разрешали заходить нашим ухажерам-инструкторам,
а под всякими предлогами держались вместе с другими женщинами — я, как уже сказала, просто от-
дыхала от всяких бурных московских историй, а Галка
боялась уходить с этими инструкторами в лес в оди-
ночку. Так прошло недели две — нехитрые отбрыки-
вания от все более и более настойчивых инструкторов,
которые хорошо знали, что к концу срока мы все

равно сдадимся, поскольку обычно к концу смены на турбазах как раз и начинается разгул блядства. Да и мы с Галкой чувствовали, что пора бы уже с кем-то трахнуться, — отдохнули за эти две недели, наглотались лесного и речного воздуха, по ночам в палатке Галка уже поглаживала свою маленькую грудь и показывала мне, смеясь: «Смотри, как стоит! Мужика бы!» И мы с ней уже разделили инструкторов — я выбрала высокого, с бородой, тридцатилетнего Сашу, а она — 27-летнего блондина, круглолицего увальня Романа. И наверное, все бы так и закончилось банальным траханьем в лесу на туристических спальных матрасах, если бы...

Утром, во время завтрака, в нашей столовой появился незнакомый высокий сорокалетний мужик с отчаянно голубыми глазами. Крепкой, увесистой походкой он подошел к окошку раздачи, взял себе какую-то еду и сел за мой столик, посмотрел на меня своими голубыми глазищами и сказал весело:

— Вас этим дерьмом каждый день кормят?

Я пробурчала что-то в ответ, а он, посмеиваясь, сказал, что если бы его кок готовил ему такую еду, он бы его вмиг выкинул со своего корабля. Конечно, я решила, что это он треплется насчет «своего корабля», и сказала ему об этом, но он, наверное, именно на то и рассчитывал, он рассмеялся, что я так легко попала в ловушку, и сказал:

— Совсем даже я и не треплюсь. Вот выйдем из столовой, я тебе покажу свой корабль, «Орел» называется, научно-исследовательское судно.

И действительно, когда мы вышли из столовой, я увидела, что посреди озера стоит корабль — ну, не такой уж корабль, а речной не то буксир, не то катер.

Но все-таки — корабль, что ни говорите, настоящий, а этот мужик оказался капитаном. И он с ходу пригласил меня покататься на этом корабле, но я сказала, что одна не поеду, конечно, а поеду с подружкой, с Галкой.

— Валяй, бери с собой подружку, — сказал капитан, и вот я сбегала за Галкой, и мы на лодке поплыли к этому кораблю. Там нам, конечно, дали возможность покрутить штурвал и показали весь корабль: кубрик, где жила команда этого «Орла» — механик да два матроса, машинное отделение и каюту капитана, и нам с Галкой все очень понравилось: и отделанная деревом каюта капитана, и палуба чистенькая, и камбуз, и Галке моей особенно понравился один из матросов.

Но катать нас по озеру на этом корабле они в тот день не стали, сказали, что у них какой-то срочный ремонт, и отвезли нас на лодке обратно на берег, но назавтра действительно устроили нам катание на этом корабле, и мы с Галкой по очереди крутили штурвал, и стряпали что-то на камбузе, и загорали на палубе — короче, прекрасно провели время. Никто к нам не приставал, наоборот, чудные оказались люди, песни с нами пели и стихи читали, хотя, я, конечно, понимала, что этот голубоглазый капитан так просто от меня не отчалит. Да я и сама уже не хотела этого.

И вот на третий день, когда этот капитан приплыл за мной и Галкой на лодке к причалу турбазы, его встретили на причале наши инструкторы — Роман и Саша. И запретили ему подходить к нашей палатке, а уж тем более — брать нас на свой корабль. Ну, я не знаю, какой там у них сложился разговор и с чего все началось (с чего все начинается у мужиков? ясное дело — с мата), а только помню, что прибегает кто-то в палатку и кричит:

— Ольга, твой капитан из-за тебя с инструкторами дерется!..

Выскочили мы из палатки и видим — на самом деле драка. Настоящая. На дощатом причале трое мужиков — Саша, Роман и этот капитан — бьют друг друга всерьез, у Романа уже кровь течет по лицу, и от этой крови Роман и Саша еще больше звереют, вдвоем лезут на этого капитана, но он был мужик здоровый, крепкий и даже в драке веселый.

— Давай, давай, падла! Налетай, полундра! — дразнил он их и бил в ответ.

Надо было заголосить и ринуться разнимать, но я стояла как вкопанная, и что-то вроде гордости, радости было у меня в груди — из-за меня дерутся мужчины! Конечно, я хотела, чтобы победил капитан, и не знаю, отдалась бы я этому Саше, если бы они с Романом избили капитана и выбросили с причала в воду, но этого не случилось — он одолел их двоих. Ну, не то чтобы совсем одолел, но Роману пустил юшку из носа, а Сашке завернул руку за спину так, что тот этой рукой два дня пошевелить не мог. Потом они сидели втроем на причале, пробуя отдышаться, и переругивались негромко, а затем капитан встал и подошел ко мне, к нашей палатке, и они его уже не удерживали. А он подошел ко мне — все наши бабы тут же и разбежались, конечно, — и, смеясь своими голубыми глазами, сказал:

— Вот что, Олька! Завтра в пять утра мы отчаливаем в Питер. Я тут из-за тебя и так два дня простоял. Если хочешь — бери свою Галку и ночью мотайте обе ко мне на корабль, отвезем вас в Питер, все равно у вас путевки кончаются.

И вот мы с Галкой собрали ночью наши вещички, выскочили из палатки и сбежали к ним на корабль. Сами на оставленной для нас у причала лодке поплыли к этому «Орлу», а там нас уже ждали с вином и коньяком. И я вам скажу, что никогда — ни до, ни после — у меня не было таких прекрасных дней и ночей, как с тем капитаном, который отбил меня у инструкторов на острове Валаам. В первую же ночь, когда мы только отплыли, мы спустились с ним в его каюту, обитую деревом, и под шум корабельного двигателя, под зыбь и качку я отдалась ему с такой легкостью и страстью, словно знала его и любила всю жизнь. И я чувствовала, что он имеет меня не просто как очередную бабу, но еще и как свою добычу, которую завоевал в бою, с кровью, как хозяин, как властелин.

Но именно эта его власть надо мной и приносила мне дополнительное наслаждение.

А в соседней каюте трахалась со своим матросиком моя подруга Галка.

А потом был шторм, мы стояли вдвоем с капитаном под дождем и ветром на палубе, он прижимал меня к себе под своим резиновым черным плащом и целовал, как мальчишка, и так мы плыли, сквозь непогоду, брызги, рокот двигателя и встречную волну, и за эти три дня мой захватчик, мой покровитель, этот крепкий сорокалетний речной капитан, пере- трахавший, наверное, сотню всяких баб из окрест- ных речных деревень, превратился во влюбленного и послушного мне мальчишку. Да, восемнадцатилет- няя девчонка, я своим тонким, хрупким телом, де- вичьей грудью и тем самым местом, которое почему-то называют «срамным», — я победила сво- его победителя, покорила его. Конечно, то, что Анд- рей называет «романтикой в сексе», сыграло здесь свою роль. Все-таки он был капитан, все-таки дело происходило на озере, в шторм, в капитанской каю- те — может быть, еще и поэтому я отдалась ему тогда с таким азартом, что он уже даже не стонал, когда мы кончили, а просто умирал у меня внутри, сходил с ума и умирал в моем теле, источая из себя послед- ние капли жизни.

Но не для того ли дерутся мужики из-за баб, что- бы потом мы покоряли их — наших завоевателей?

...Когда после этих трех дней круглосуточно- го плавания и секса я вернулась домой в Моск- ву, мама увидела мое сияющее лицо и розовые щеки и сказала:

— Вот теперь я вижу, что ты действительно от- дохнула! Сразу видно, что была на свежем воздухе!

Глава 7

РУССКИЙ МУЖИК —
КАКОВО ЭТО НА ВКУС?

В первой главе нашей книги Андрей рассказал о том, как он трахнул идеал русской бабы. Я не хочу оспаривать его высокую оценку сексуальных способностей русской женщины, наоборот, спасибо ему за это, но, к сожалению, я не могу того же сказать о русских мужиках. Да, я бы не отважилась сказать, что русский мужик, а точнее, то, что в России называется упругим словом «ухарь», — это что-то замечательное и из ряда вон выходящее.

Легенда о сексуальной мощи русского мужика родилась, я думаю, в дореволюционных салонах вырождающейся русской аристократии. Скорей всего это было так: в то время, пока ипохондричные и утонченные князья и графы растрачивали свои мужские способности в спальнях балетных и цыганских артисток, их жены, сидя в загородных поместьях, находили утешение со своими батраками. Там, где-нибудь на заднем дворе или в хлеву, очередной батрак наспех задирал их пышные юбки и, уже не церемонясь, засаживал свой крестьянский член в истекающую истомой чахлую аристократическую плоть. И наверное, при таком многократно испробованном русскими салонными писательницами опыте родилась легенда, что русский член — это что-то вроде мужицкой оглобли, мощнее которой нет в мире. А укрепил эту легенду и дал ей мировую славу Григорий Распутин, сибирский мужик, который неожиданно был допущен в царский двор и спальни петербургской аристократии. По слухам, он перетрахал десятки аристократок, чуть ли не саму царицу, а затем бежавшая от революции русская аристократия увезла за границу легенду о великом русском ухаре — Гришке Распутине.

Я спала с десятками русских мужчин. И конечно, среди них есть мастера своего дела. Но к несчастью, повальное, массовое многолетнее и потомственное пьянство, поразившее нашу страну от края до края за последние пятьдесят—шестьдесят лет, значительно ослабило мощь русского члена, я бы даже сказала — надломило его.

Сегодня в России нет мяса, масла, сахара, яиц, сметаны и массы других калорийных продуктов, я уже не говорю о первой потребности для укрепления потенции — орехах. И притом нет в стране уголка, где бы не продавалась в неограниченном количестве плохая, сделанная из нефти и газа водка.

Последние двадцать лет суды уже даже не вникают в мотивы разводов молодоженов, принято новое правило — если молодожены (или хотя бы один из них) подают на развод в течение десяти дней после свадьбы, их разводят бесплатно и автоматически, не слушая дело и не вникая в мотивы. Потому что причина одна — импотенция жениха. Оно и понятно — по негласным данным, у нас в стране 10 миллионов зарегистрированных алкоголиков...

Мой женский сексуальный опыт и десятки судебных семейных дел, которые прошли через мои руки, показали, что алкоголизм и импотенция, или алкоголизм и недостаточная потенция, или алкоголизм и половые извращения являются сегодня причиной разводов и разрушений сотен тысяч семей повсеместно на всей территории страны.

Типичная картина развала семьи такая: муж приходит с работы домой пьяный и пьяный, в алкогольных парах и запахах, лезет к своей жене чуть ли не при детях. Если она сопротивляется и не дает ему пьяному, он бьет ее и крушит все в доме, а если дает — он вламывается в ее плоть без всякой подготовки и через минуту-другую кончает, вовсе не заботясь о жене, а после этого отворачивается в постели и спит, храпя до утра. И так — изо дня в день, месяцами, годами, пока доведенная до отчаяния женщина (о, терпеливая русская женщина, мечта Андрея!) не подаст на развод. Обычно она приходит в суд вся в синяках от очередных побоев... Парадоксально, что в стране, где женщин на 20 миллионов больше, чем мужчин, именно женщины чаще всего требуют развода с мужьями-пьяницами...

В результате сейчас в России большой спрос на непьющего мужика с более или менее стоячим членом.

Что, если взглянуть на Россию ночью или поздним вечером из космического пространства? Представьте себе, что вы летите в спутнике или космическом корабле и чувствительный телескоп показывает вам Россию в постели и регистрирует каждое извержение спермы на территории нашей Родины. Так вот, что мы увидим?

Мы увидим Россию, спящую под пьяным мужиком, который для возбуждения заливает в себя очередной стакан водки и, немытый, усталый после полупьяного рабочего дня на заводе или в колхозе, пахнущий чесноком, луком и водочным перегаром, потно взбирается на свою бабу, раздирает в стороны ее ляжки, толстые от ежедневной вермишели и картошки, и руками заправляет свой член в ее искромсанное абортами влагалище. Потные объятия, хриплое дыхание, детский плач за стеной, мат и скрип кровати под двумя не любящими друг друга телами, резкие, не знающие искусства удары полувставшим членом, короткая минута возбуждения, мужской оргазм, хриплое забытье мужа до утра и тихие слезы неудовлетворенной русской женщины.

Это — типичный стандарт народной жизни, это сексуальная жизнь низов, или, как принято у нас говорить, «простых советских людей». От этой модели бывают отклонения — скандалы, разводы, измены, фригидность, извращения, групповые и семейные пьянки и коллективное траханье.

Смотрите: в коммунальной квартире в Москве красивая девятнадцатилетняя женщина, оставив в постели полупьяного импотентного от наследственного алкоголизма молодого мужа-рабочего, крадется по коридору в комнату соседа-фотографа, которому 52 года. Что ее гонит к нему? Что ведет ее мимо дверей чутких соседей к этому одинокому похотливому старику? У фотографа — стоит! И желание жить, наслаждаться своим телом каждую ночь тянет ее из постели импотентного мужа к старику соседу, и там тайком, воровски получать от жизни то, что по закону природы должен был ей дать в эту ночь родной двадцатилетний муж.

Смотрите: пьяный отец-рабочий вваливается в свою квартиру и насилует 14-летнюю дочь, и девочка выбрасывается в окно и ломает себе позвоночник.

Смотрите, не отворачивайтесь! Больницы заполнены женщинами, ждущими абортов. Пьяные мужики не надевают презервативов, плюют на все противозачаточные средства и ежедневно кончают спьяну в своих жен и баб, обрекая их на новые и новые аборты. По двадцать — тридцать абортов делает в своей жизни терпеливая русская женщина, мечта Андрея!

Но выйдем из душных и пропахших жареной капустой квартир, выйдем из переполненных абортариев (по восемнадцать коек в палате), выйдем из гинекологических кабинетов, где сейчас делают аборты пятнадцатилетним девочкам, выйдем из этого слоя неудовлетворенной России на другой уровень.

Где извергается молодая и горячая сперма России? Где еще все-таки обнимаются всласть, со вкусом и темпераментом?

В студенческих общежитиях, на туристических базах, в домах отдыха и на южных курортах. В поисках стоячего члена десятки тысяч женщин ежегодно отправляются на юг в курортные города, на туристические базы и даже в альпинистские походы. Здесь каждый метр ночных пляжей, каждая поляна в лесу, каждый привал на туристической тропе и каждая койка на туристической базе укутаны и утрамбованы пылкими южными романами и многократно политы девственной кровью и мужской спермой.

А еще выше — закрытые для простого народа министерские дачи, совминовские санатории и дома отдыха творческих союзов. Тут лучшее питание, тут отдельные комнаты у каждой и у каждого, тут трахаются с изыском, принимая душ после каждого акта, запивая секс коньяком или шампанским и куря заморские сигареты.

И наконец, правительственные дачи за высокими зелеными заборами с военизированной охраной. Здесь дети высоких партийных чиновников разного калибра — от Москвы и Ленинграда до Владивостока и Хабаровска — устраивают кутежи и загулы с показом зарубежных порнофильмов и сексуальными утехами всех видов.

Мой женский опыт, который провел меня по всем этим слоям, говорит, что два фактора определяют сексуальную потенцию и сексуальное мастерство любого мужчины — питание и интеллект. Обессиленный алкоголизмом простой русский мужик уже не в состоянии удовлетворить ляжистую и охочую до любви женскую половину России.

Притом эта импотенция нижних слоев уже поднимается выше — в инженерные, технические и культурные слои.

Вот вам для иллюстрации простой пример-символ. Однажды с очередным любовником я плыла по великой русской реке Волге на роскошном речном лайнере «Россия». (Кстати, это одна из редких в СССР легальных возможностей провести время с мужчиной, не будучи с ним в зарегистрированном браке, — только в кассах речных и морских круизов да еще, пожалуй, в железнодорожных кассах вы можете купить двухместную каюту или двухместное купе без свидетельства о браке и без предъявления паспорта.) И вот мой очередной ухажер, красивый и толковый молодой инженер-проектировщик крупного строительного треста, соблазнил меня тогда путешествием по Волге. У нас была прекрасная каюта, чистое белье, за иллюминатором изумительные пейзажи русской природы — мы плыли по Москве-реке, Каме и Волге, у нас было все, что нужно для романтического секса, но... у него не стоял. Он добивался меня два месяца, он был влюблен в меня и, как мальчишка, трепетал от одного прикосновения к моей груди, но поднять его вялый, безвольный член было изнурительно-трудной работой. Промучившись с ним всю ночь, неудовлетворенная и злая, я пошла утром в ресторан завтракать. Официантка посмотрела на меня с пониманием и молча, без моего заказа принесла мне вдруг стакан сметаны, смешанной с пивом. Она поставила этот стакан на мой столик и на мой удивленный взгляд сказала:

— Дай ему. Это поможет. Не ты первая мучаешься, у нас таких — половина парохода.

По великой русской реке Волге плыл красавец лайнер «Россия», флагман Волжского речного пароходства. Роскошные русские леса и голубиный воздух стояли над нами. А в каюте первого класса я, «простая русская женщина», поила смесью сметаны и пива «простого русского мужчину», чтоб хоть этим народным средством поднять наконец его вялый член. И в редкие минуты удачи я наспех засовывала в себя этот полуокрепший пенис и там, используя весь свой женский опыт, доводила до короткого и не удовлетворяющего меня возбуждения. Некуда было деться с этого парохода от почти импотентного любовника, вот и приходилось мучиться. Злиться, мучиться и... мастурбировать.

Не так ли Россия плывет по ночам в море неудовлетворенного женского желания, и некуда деться ей, некуда деться женщине-России от импотентного русского мужчины. Пивом и водкой взнуздываем мы зачастую их вялые фаллосы, и сами суем их в себя для хотя бы крохотного женского удовольствия, а если кому попадется вдруг стойкий мужской член — счастье ее, да только гляди в оба, чтобы не своровали... А потому, извините меня, я спешу к своему соавтору Андрею, ведь у него — стоит!

Содержание

Эдуард Тополь советует:

<u>BEELINE ME!</u>

Да, по-английски это звучало бы так: «Beeline me!» Но в переводе «Билайн мне!» в игре слов теряется флер пчелиного жужжания, и потому я скажу проще.

Я пользуюсь телефонной связью «Би Лайн» не потому, что это самая надежная, удобная, скоростная и приятная система мобильной связи, с помощью которой я из любой точки России могу позвонить куда угодно, даже домой в США.

И не потому, что «Би Лайн» предоставляет дюжину замечательных услуг: переадресовку звонков, голосовую почту, конференц-связь, доступ в Интернет, телебанк, заказ авиабилетов, вызов автотехпомощи, экстренную юридическую помощь, определитель номера вызывающего вас телефона, справочную службу и службу бытовой помощи вплоть до вызова такси, консультаций по вопросам недвижимости, ресторанного рейтинга и доставки продуктов на дом.

И не потому, что «Би Лайн» ввела льготные тарифные планы под нужды любого клиента и посекундную оплату телефонных разговоров, что значительно снижает расходы.

Я пользуюсь сотовой связью «Би Лайн», поскольку мне, как автору политических триллеров, жизненно важна полная уверенность в том, что мои телефонные разговоры никто не прослушивает и не записывает на пленку. Конечно, стопроцентной защиты нет ни от чего, но до тех пор, пока за мной не ездит автобус с подслушивающей аппаратурой и надо мной не летают «Аваксы», вы можете совершенно спокойно позвонить мне по «Би Лайн» и рассказать любые секреты — от государственных до любовных.

Итак, уверенно пользуйтесь сотовой связью «Би Лайн» и говорите всем, как я:

NO PROBLEM, BEELINE ME!

Сайты Эдуарда Тополя в Интернете:

eduardtopol.ru
etopol.ru
etopol.boom.ru
etopol.com

По вопросам оптовой покупки книг
издательства АСТ обращаться по адресу:
Звездный бульвар, дом 21, 7-й этаж
Тел. 215-43-38, 215-01-01, 215-55-13

Книги издательства АСТ можно заказать по адресу:
107140, Москва, а/я 140, АСТ – "**Книги по почте**"

Литературно-художественное издание

Тополь Эдуард
Россия в постели

Роман

Художественный редактор О.Н. Адаскина
Технический редактор О.В. Панкрашина

Общероссийский классификатор продукции
ОК-005-93, том 2; 953000 — книги, брошюры

Гигиеническое заключение
№ 77.99.02.953.Д.008286.12.02 от 09.12.2002 г.

ООО «Издательство АСТ».
667000, Республика Тыва, г. Кызыл, ул. Кочетова, д. 28.
Наши электронные адреса:
WWW.AST.RU
E-mail: astpub@aha.ru

При участии ООО «Харвест». Лицензия ЛВ № 32 от 27.08.02.
РБ, 220013, Минск, ул. Кульмана, д. 1, корп. 3, эт. 4, к. 42.

Республиканское унитарное предприятие
«Издательство «Белорусский Дом печати».
220013, Минск, пр. Ф. Скорины, 79.